Inhalt

Die Stadt am Fluss   4   Alte Handelsstadt am Main

18   Das Zentrum

Die Innenstadt bis zum Anlagenring
- 20   Römerberg und ›Kaiserdom‹
- 30   Die Paulskirche
- 32   Karmeliterkloster, St. Leonhard, Liebfrauen, Katharinenkirche
- 40   Museum Judengasse
- 42   Das Goethe-Haus
- 44   Freßgass', Hauptwache, Zeil
- 46   Alte Oper
- 48   Der Anlagenring

Die Skyline
- 52   Die Hochhäuser und das Bankenviertel

Dribbdebach
- 60   Sachsenhausen

66   Stadterweiterungen seit dem 19. Jahrhundert

Die Erweiterung um die alte Innenstadt
- 68   Hauptbahnhof, Bahnhofsviertel und Messegelände
- 74   Westend
- 82   Nordend
- 86   Ostend

Neue Stadtgrenzen
- 90   Bornheim
- 92   Bockenheim
- 96   Höchst

102   Wohnen in der Stadt des 20. Jahrhunderts

Gartenstädte und urbane Verdichtung
- 104   Siedlungen im Grünen
- 106   Ernst May und das Neue Frankfurt
- 118   Kirchen des 20. Jahrhunderts
- 120   Siedlungen nach dem Zweiten Weltkrieg
- 124   Wohnen am Fluss

Der Grüngürtel
- 128   Der Frankfurter Stadtwald
- 132   Schwanheimer Düne
- 134   Brentanopark
- 136   Die Nidda
- 138   Alter Flugplatz Bonames
- 140   Lohrberg

142   Hinweise

144   Impressum

Alte Handelsstadt am Main

Geschichte in der Hochhaus-Metropole? Eine monumente-edition über Frankfurt – über ›Mainhattan‹, über ›Bankfurt‹? Über die einzige deutsche Stadt mit einer Skyline, die Altes, wie den 95 Meter hohen Domturm, lächerlich klein wirken lässt? Über die einst größte gotische Altstadt Deutschlands, die es seit 1944 nicht mehr gibt?

Wenn viele mit der mehr als 1200 Jahre alten Handels- und Reichsstadt in erster Linie Bankentürme, die Messe und den zweitgrößten Flughafen Europas verbinden – dann deshalb, weil die Stadt selbst diese umsatzstarken Wirtschaftsfaktoren oft betont. Viele Klischees von der Erfolg und Geld verheißenden Metropole waren in den vergangenen Jahrzehnten politisch gewollt und werden nach wie vor herausgestellt – doch diese einseitige Zuspitzung hat meist wenig mit dem Alltag der mehr als 668 000 Frankfurterinnen und Frankfurter zu tun. Dennoch, die häufige Wiederholung der Bilder von der Skyline hinterlässt oft den Eindruck, dass Frankfurt städtebaulich und architektonisch weitgehend eine neue, eine völlig moderne Stadt sei, in der es nichts Altes, geschweige denn originale alte Bausubstanz, gibt.

Dieser Eindruck ist falsch. Richtig ist, dass zwar die Innenstadt weitgehend aus Neubauten besteht, die nach 1945 entstanden; das liegt daran, dass fast alle Gebäude des Zentrums im Krieg bis auf die Grundmauern ausbrannten und nicht rekonstruiert wurden. Dennoch besitzt Frankfurt mehr als 4500 gesetzlich geschützte Denkmale. Denn die Bomben trafen die Kernstadt, den Bahnhof und die Viertel an Gleisen und Fabrikstandorten – wie etwa Bockenheim. Andere Stadtviertel, die sich um die Altstadt herum zu beiden Seiten des Mains und seines Nebenflusses, der Nidda, ausdehnen, blieben von Bomben weitgehend verschont. Erhalten sind daher viele Viertel des 19. Jahrhunderts und noch mehr Siedlungen und Kirchen des 20. Jahrhunderts.

Römer und Franken schufen ein Zentrum Die klimatisch und verkehrstechnisch günstige Lage zwischen dem Taunus und dem Main zog spätestens seit der Steinzeit Siedler an, wie etwa die Hügelgräber im Stadtwald und in Sachsenhausen zeigen. Was man heute nicht mehr sieht: Der Domhügel mit dem Römer, Ausgangspunkt der zukünftigen Stadt, war einmal eine Maininsel. Sie endete im Westen am Römerberg, reichte im Osten bis zur jetzigen Fahrgasse und war von Norden durch den Braubach begrenzt, dem heute etwa die Braubachstraße entspricht.

Die leicht erhöhte Inselsiedlung war zum einen durch eine sumpfige Umgebung geschützt; zum anderen führte hier seit Menschen Gedenken eine Furt durch den Main. Diese Topografie machte den Ort interessant.

Es liegt auf der Hand, dass auch die römischen Truppen an einem solchen, strategisch bedeutenden Ort im ersten nachchristlichen Jahrhundert ein Kastell bauten – nie ohne Badeanlage –, das mit ihrer etwas weiter nördlich besser geschützten Zivilstadt Nida am Ufer der seinerzeit schiffbaren Nidda korrespondierte. Das römische Nida, etwa so groß wie später die Frankfurter Altstadt, lag in Frankfurt-Heddernheim – unter der heutigen Siedlung Römerstadt, die dort unter Ernst May ab 1926 geplant wurde. Die Versorgung des antiken Nida wurde durch die Landgüter in der fruchtbaren Wetterau und zu Schiff über Rhein und Main gewährleistet. Die Wetterau war im übrigen als Getreidelieferant für die Römer so wichtig, dass sie zu deren Schutz den Limes in weitem Bogen um sie herum führten.

Römische Steingebäude waren so solide gebaut, dass sie über Jahrhunderte Standards setzten. Die in nachrömischer Zeit aufsteigenden Landesherren, Alamannen und Franken, nutzten sie weiter. Rückblickend war es die römisch-germanische Zivilisation, die es hier – wie auch in Köln oder Trier – erlaubte, dass spätere Generationen von der zumindest rudimentär weitergeführten Infrastruktur profitieren konnten: So unterhielten die Franken am selben Ort spätestens seit dem 7. Jahrhundert einen königlichen Hof. In Schriftzeugnissen nachweisbar ist der als ›Furt der Franken‹ bekannte Ort im Jahr 794, als Karl der Große, König der Franken, in ›Franconofurd‹ eine Reichssynode einberufen ließ, ein politisches Gipfeltreffen: Auf diese Urkunde bezieht sich das 1200-jährige Frankfurt. Bis zum Jahr 890 galt die Pfalz in Frankfurt als Hauptresidenz des ostfränkischen Reiches, die häufig vom Kaiser aufgesucht und sukzessive weiter befestigt wurde.

Insofern setzt die Skyline heute bildmächtig fort, was Frankfurt seit der Spätantike charakterisiert: Hier lag die meiste Zeit ein Zentrum wirtschaftlicher – und damit politischer – Macht, ein durch seinen Wohlstand für Könige und Kaufleute attraktiver Treffpunkt im Herzen Europas, der aus allen Richtungen zu Lande und zu Wasser bestens erreichbar war; folgerichtig führt der Flughafen diese Wesensmerkmale mit zeitgenössischen Reisemitteln weiter.

Das größte Denkmal Frankfurts ist der Stadtgrundriss selbst. Die Verläufe von Straßen, kleinteilige Altstadtparzellen und größere in den Vierteln der Stadterweiterung erzählen vom ringförmigen Wachsen der Stadt in das Umland hinein. Im Zentrum wie in den seit 1877 eingemeindeten Orten und Kleinstädten gibt es bis heute antike Funde, mittelalterliche Kirchen, Renaissancehäuser, barocke Höfe, Villen samt Ausstattung vom Klassizismus bis zum Jugendstil – und nicht zuletzt große Siedlungen, die den Städtebau des 20. und 21. Jahrhunderts prägen.

Delkeskamp-Plan, 1864, Ausschnitt

Frankfurt – das sind fast 40 Dörfer Während andere Städte und Regionen schrumpfen und ›rückgebaut‹ werden, baut man in Frankfurt mit Tempo weiter. Die Innenstadt verändert sich im Banken- und Einkaufszentrum derart schnell, dass sich mancher Frankfurter, der ein paar Monate nicht ›in der Stadt‹ war, die Augen reibt: Schon wieder ein neues Hochhaus an der Taunusanlage, wieder eine neue Einkaufsgalerie auf der Zeil!

Grundstücke im Zentrum sind rar, teuer und schon deshalb durch viele Geschosse auszunutzen. Doch das schlichte alte Feindbild von der Zerstörung der ›alten‹ Stadt durch Hochhäuser stimmt nicht; die Fachwerk-Altstadt war Ende des 19. Jahrhunderts bereits in abbruchreifem Zustand.

Die spektakulären Großbaustellen für Hochhäuser oder für riesige Messehallen ziehen immer viel Aufmerksamkeit auf sich, denn an diesen Stellen kann jeder die rasante Veränderung seiner Stadt mit eigenen Augen sehen – obwohl Türme, betrachtet man den Stadtplan, den geringsten Teil der Stadt im Westen prägen. Doch die mediale Präsenz der bildmächtigen Statussymbole verstellt oft den Blick auf das, was sich ganz selbstverständlich in deren Schatten abspielt: Die oft kleinteilige Wohnbebauung der Bürgerstadt, die seit dem 19. Jahrhundert um ein Vielfaches an Fläche über ihr altes Zentrum hinauswuchs, besteht keineswegs aus Hochhäusern, sondern aus mehr als 35 eingemeindeten Dörfern und Kleinstädten, die sich um die vergleichsweise kleine City mit den Banken herum gruppieren. Zu diesen – seit 1877 mit Bornheim als erstem Dorf – eingemeindeten Zentren gesellen sich städtebaulich hervorragende Siedlungen und Industriedenkmale von Weltgeltung. Man übersieht leicht, dass die meisten Frankfurter nicht in der Innenstadt wohnen, sondern in ›ihrem‹ Viertel, sie begreifen sich als Bockenheimer, Praunheimer, Sossenheimer oder Schwanheimer.

Im Westend machte Denkmalpflege Geschichte In Frankfurt hängen Denkmalpflege und Hochhausbau eng zusammen: Nicht zufällig gilt die Universitäts- und Verlagsstadt seit 1967 als das Zentrum der westdeutschen Studentenbewegung. Es waren Studentinnen und Studenten, die im Westend in den 1970er Jahren als erste gegen den großflächigen Abriss von ganzen Wohnquartieren protestierten, so genannten ›Altbauten‹ aus dem damals noch nicht denkmalwürdigen 19. Jahrhundert.

Kaum ein Denkmalpfleger interessierte sich vor fünf Jahrzehnten für Wohnhäuser, geschweige denn für jene des Historismus. Die Studenten jedoch machten öffentlich auf Bodenspekulation und Mietwucher aufmerksam, indem sie zu einem illegalen Mittel griffen, das manchen

Stadtkarte Frankfurt am Main, 2009

Abriss alter Bausubstanz verhindern sollte: Sie besetzten am 19. September 1970 zum ersten Mal ein Haus. Es steht bis heute in der Eppsteiner Straße 47 im Westend.

Leo Schmidt formuliert in seiner ›Geschichte der Denkmalpflege‹ 2008 die Folgen der Hausbesetzungen für die Denkmalpflege so: »*Den Moment der Gezeitenwende kann man symbolisch im Frankfurter Westend verorten und um 1970 datieren. Eine gründerzeitliche Villa nach der anderen wurde hier abgebrochen, um dem expandierenden Bankenviertel Raum zu geben. Immobilienspekulanten und Großkapital zerstörten Bauten einer Architekturgattung, die man – nach jahrzehntelanger Verdammung – gerade wieder schätzen lernte: Bauten des Historismus und des Jugendstils, die in ihrer Kleinteiligkeit, Material- und Detailvielfalt aufs Dramatischste mit den riesigen, wenig gegliederten und (jedenfalls in der allgemeinen Wahrnehmung) austauschbaren Beton-, Stahl- und Glasklötzen kontrastierten, die ihren Platz einnahmen. Gesellschaftspolitische und ästhetische Kritik an der Erneuerung verschmolzen zu einer Bewegung, die innerhalb weniger Jahre zu einem allgemeinen Bewusstseinswandel führte.*« (Schmidt 2008, S. 8).

Die Beweggründe der Hausbesetzer waren völlig unterschiedlich, und ein schockierender Aspekt war ein von manchen Häuserkämpfern geäußerter dumpfer Antisemitismus, wie man ihn bis dahin bei der linken Szene nicht erwartet hatte. Viele Mutige jedoch stellten sich Abrissbirnen in den Weg, andere bauten ein Barackendorf im Frankfurter Stadtwald, um das sehr alte Waldgebiet, das die Stadt einst dem Kaiser abgekauft hatte, vor der weiteren Flughafenvergrößerung durch die ›Startbahn West‹ zu verteidigen. Natur- und Denkmalschutzgesetze gab es in den meisten westlichen Bundesländern noch nicht – auch wenn Georg Moller in Hessen 1818 die erste Denkmalschutzverordnung Deutschlands formuliert hatte.

Immerhin wurde das hessische Denkmalschutzgesetz bereits am 23. September 1974 verabschiedet. Mit dem im Jahr darauf vom Innenministerium ausgerufenen ›Jahr des Denkmalschutzes‹ begann 1975 ein Aufbruch; allmählich beschäftigten sich Presse und Fachliteratur mit der belächelten ›Gründerzeitarchitektur‹. Dennoch interessierte sich die Denkmalpflege meist für herausragende Einzelbauten – für Kirchen, Schlösser und Burgen –, während Wohnhäuser, Siedlungen und Parks selten per Gesetz geschützt wurden. Doch auch heute ist der Denkmalschutz keine Garantie, die vor dem Abriss schützt.

In den 1970er Jahren war Denkmalpflege bei der Frankfurter Bevölkerung grundsätzlich positiv besetzt, denn damals besaßen viele Bürger und Denkmalpfleger ein gemeinsames Feindbild: Sie hassten Hochhäuser.

Braubachstraße Bereits zu Anfang des 20. Jahrhunderts wurden mitten in der gotischen Altstadt Häuser abgerissen, um dort den schwierigen, beengten, unhygienischen Verhältnissen zu begegnen. In leichten Kurven wurde die Braubachstraße mit Kanalisation und Straßenbahnführung angelegt. Sie öffnete die Altstadt für Licht und Luft.

Neckermann-Zentrale Das expandierende Versandhaus baute an der Hanauer Landstraße am Rande von Fechenheim seinen neuen Hauptsitz. Das Gebäude von Egon Eiermann, geschätzt wegen seiner Präzision in Konstruktion, Funktionalität und Ästhetik, steht unter Denkmalschutz.

Palais-Quartier Namensgeber des Hotel- und Geschäftskomplexes an Zeil und Großer Eschenheimer Straße ist das ›Palais‹, ein Neubau von 2009, der einem historischen Gebäude zum Verwechseln ähnlich sieht. Er erinnert an das spätbarocke Stadtpalais des Reichserbgeneralpostmeisters Anselm Franz von Thurn und Taxis.

Braubachstraße, 1904–1906

Neckermann-Zentrale, 1961

Palais-Quartier, 2009

Frankfurts historisches Kapital sind die Originale
Allein, aus der gemeinsamen Ablehnung von Hochhäusern leitet sich noch lange kein Gespür für einen konstruktiven, sensiblen Umgang mit alter Bausubstanz und Stadträumen ab. Im Gegenteil, aus der grundsätzlich ablehnenden Haltung gegenüber neuer Architektur dürfte bereits in den 1970er Jahren ein folgenschweres Missverständnis entstanden sein – das Missverständnis zwischen den Bürgerinitiativen, die erst in Folge der öffentlichen Proteste der 68er-Studentenbewegung in Frankfurt entstehen konnten, und den hauptamtlich bei der Stadt oder beim Land angestellten Denkmalpflegern, Architekten und Archäologen:

Auf der einen Seite standen und stehen Bürger, die sich nach ihrer vertrauten Altstadt zurücksehnen und dabei oft übersehen, dass dieses Traumbild bereits bei der Stadt- und Verkehrsplanung zu Beginn des 20. Jahrhunderts stark verändert wurde und mit dem Zweiten Weltkrieg unterging. Mit Straßendurchbrüchen wie der Braubachstraße (1906) und der Berliner Straße (1952) erreichte die Stadtverwaltung eine bessere Wasserversorgung und Abwasserentsorgung in der engen, dicht bevölkerten Altstadt. Deshalb waren Anfang des 20. Jahrhunderts Fachwerkhäuser zeilenweise abgetragen und durch Steinneubauten ersetzt worden – und zugleich wurden die alten Verbindungen zwischen Römer und Zeil zerstört. Doch die Stadtplanung von damals können Denkmalpfleger heute nicht korrigieren, denn Denkmalpflege hat keineswegs die Aufgabe, etwas neu zu erschaffen, das schon lange zerstört ist.

Vielmehr ist es deren Aufgabe, Denkmale zu pflegen, also die erhaltenen Originale zu retten, seien sie nun nach allgemeinen Geschmacksurteilen schön oder hässlich, viel zu groß oder viel zu klein, beliebt oder verhasst. Schönheit, Vertrautheit und handwerklich gestaltete Oberflächen sind keine Kriterien für Denkmalschutz. Entscheidend ist der Aussagewert für die Erinnerung an Geschichte. Denkmalpflege will Orte, Gebiete, Grünflächen oder Gebäude schützen, die kulturell bedeutend sind – und das kann in Frankfurt am Main eine Markthalle sein, eine Reihenhaussiedlung, eine Frankfurter Küche, ein Straßenbahndepot, ein im Boden steckender Stadtmauerturm – oder eines der frühen Hochhäuser. Eines verbindet diese so unterschiedlichen Denkmale miteinander: Es sind Originale. Sie unterscheiden sich von jeder noch so täuschend echten Nachahmung durch ihren Zeugniswert.

Doch gerade der Rückenwind für die Denkmalpflege seit den 1960er Jahren zeigt, wie sich die öffentlich artikulierten Wünsche mancher Frankfurter an ein auf der Oberfläche schmuckes, altes Stadtbild auswirkten: Ausgerech-

Treppenturm Beim Neubau des Caritas-Zentrums in der Buchgasse wird das lediglich zwei Meter tiefe, auf ein Kiesbett gegründete Fundament des Treppenturmes, Rest eines spätgotischen Patrizierhofes, gesichert und unterfangen.

Mühlbruchsiedlung Am Lokalbahnhof entstand ab 1861 durch die ›Frankfurter gemeinnützige Baugesellschaft‹ eine Reihe von Typenhäusern mit jeweils vier Wohnungen, die heute unter Denkmalschutz stehen.

Parkhaus Hauptwache Das von Max Meid und Helmut Romeick geplante Parkhaus lässt noch nichts davon erahnen, dass diese Bauaufgabe in den 1960er und 1970er Jahren oft zu Fremdkörpern in den Städten führen sollte.

Treppenturm, um 1600

Mühlbruchsiedlung, ab 1861

Parkhaus Hauptwache, 1956

net hier, wo die Fachwerkhäuser am Römer seit 1944 vernichtet waren, wo 1972 das mit Architekturpreisen ausgezeichnete Technische Rathaus entstanden war, entzündete sich eine öffentliche Debatte über die Legitimität von Rekonstruktionen. Ein Ergebnis war die Ostzeile des Römers mit neuen Fachwerkhäusern anhand von alten Abbildungen. Denkmalpflege war das nicht – doch angesichts der erschütternden Verluste an diesem Ort, dem ältesten Zentrum der Stadt, ein tröstendes Zugeständnis. Im Rückblick und angesichts der noch folgenden Abrisse von viel alter Substanz war die Rekonstruktion des Römers ein Kompromiss. Grundsätzlich kann man in der Bürgerstadt beobachten, dass es häufig politisch erklärbare Zwitterlösungen gibt: An einer Stelle werden Originale übersehen, während man wenige Straßen weiter rekonstruiert, Simulationen baut.

Viele Gäste aus dem Ausland besichtigen die Saalgasse zwischen Dom und Römer: Diese postmodernen Varianten von Fachwerk sind zu Ikonen der Stadtreparatur aus den 1980er Jahren aufgestiegen, zeigen sie doch, dass kleinteilige Maßstäblichkeit in zeitgenössischer Gestalt möglich ist. Neue Häuser, die so tun, als seien sie alt, spielen hingegen Kontinuität vor. Die langfristigen Folgen sind für das Stadtbild fatal, denn wo viele lügen, wird niemand mehr der Wahrheit glauben.

Was auf Dauer das Gesicht der Stadt Frankfurt ausmacht, scheint unspektakulär und hat weder mit Hochhäusern noch mit Kopien von Fachwerkhäusern etwas zu tun: Einzigartig in der städtebaulichen Qualität und im Umfang, und allenfalls mit größeren Städten wie Berlin oder Wien vergleichbar, sind die Siedlungsbauprogramme des 20. Jahrhunderts. Die meisten Siedlungen verdanken sich – dies sei betont – einer städtischen Behörde, dem Hochbauamt. Dort wurde in den wenigen Jahren zwischen den Weltkriegen etwas Außerordentliches realisiert, und zwar personell, finanziell und baulich: In einer Zeit großer Geld- und Wohnungsnot übertraf der Siedlungsbau des Neuen Bauens ab 1925 von der Fläche ein Mehrfaches der Altstadt.

Heute, nach mehr als 80 Jahren oft sanierungsbedürftig, werden von dieser avantgardistischen Architektur selten Fotografien in der Außenwerbung der Stadt verwendet. Acht Jahrzehnte mangelnde Baupflege und individuelle Reparaturen reichen, um alte Bausubstanz schäbig aussehen zu lassen: In den 1960er Jahren sahen die 80 Jahre alten, so genannten Altbauten abbruchreif aus – heute sind es die 80 Jahre alten Häuser, Kirchen, Schulen und Pavillons der Klassischen Moderne, die in Frankfurt meistens hinter zugeparkten Straßen und Sicherheits-Haustüren auf einen neuen Blick warten.

Friedberger Warte Der spätgotische Wachtturm und Wehrhof gehörte zur ehemaligen Landwehr. Dazu zählen außerdem die Galluswarte, die Bockenheimer Warte und die Sachsenhäuser Warte.

Leinwandhaus Seit 2008 beherbergt das gotische Bürgerhaus mit Ladenarkaden das Museum für komische Kunst. Neben Wechselausstellungen wird ein Bestand an satirischen Arbeiten der Neuen Frankfurter Schule, einer Frankfurter Künstlergruppe von Schriftstellern und Zeichnern, präsentiert.

Berger Warte Dieser Beobachtungsposten außerhalb des alten Stadtgebietes zwischen Seckbach und Bergen, heute die höchste Stelle der Stadt, gehörte nicht zur Landwehr. Bis hierhin bekamen Händler und Reisende Geleitschutz.

Friedberger Warte, 1478

Leinwandhaus, um 1390

Berger Warte, 1557

Die Topografie bildet die Chronologie ab Frankfurt wuchs seit dem frühen Mittelalter über Jahrhunderte hinweg monozentrisch und in einer Halbkreisform am Mainufer in mehreren ›Schichten‹, oder auch unregelmäßigen ›Gürteln‹, bis es sich dann seit den 1920er Jahren durch die Konzepte des Neuen Bauens und die Stadterweiterungen unter Ernst May dezentral, beinahe sternförmig, mit neuen Zentren in durchgrünten Vorort-Trabanten ausdehnte. Die Stadtentwicklung bildet sich in drei Entwicklungsschüben ab: 1. die Innenstadt bis zum Anlagenring, 2. die Stadterweiterungen seit dem 19. Jahrhundert, 3. das Wohnen in der Stadt des 20. Jahrhunderts.

Was das moderne Frankfurt am Main mindestens ebenso wie seine Skyline von vielen anderen Städten unterscheidet, ist ein Kranz von vormals eigenständigen Bezirken, der die vergleichsweise kleine Altstadt ummantelt. An die architektonisch recht unterschiedlich ausgebildeten Viertel der Stadterweiterungen des 19. Jahrhunderts – man denke an die heute sehr beliebten, großzügigen Straßenzüge des Historismus im West-, Nord- und Ostend – schließen die seit 1877 eingemeindeten Ortschaften an, die mit den Stadterweiterungen zusammenwuchsen. Um diese eingemeindeten Dörfer wiederum plante man seit den 1920er Jahren, damals oft auf Wiesen und Feldern, Siedlungen mit großzügigen Grünzonen.

Das Zentrum der Rhein-Main-Region Alte Reichsstadt, Wahl- und Krönungsort für Könige und Kaiser, europaweit ausstrahlende Messe- und Bankenstadt – es sprachen viele Gründe dafür, im bürgerlich geprägten Frankfurt nach 1945 die Hauptstadt einer zukünftigen Bundesrepublik Deutschland zu installieren. Doch bekanntlich wurde Frankfurt am Main nicht einmal Hauptstadt des Bundeslandes Hessen. Dennoch hat sich Frankfurt zum Zentrum der Rhein-Main-Region gemausert; dieser Großraum bildet das wirtschaftliche Rückgrat von Hessen. Hier leben die meisten Menschen Hessens – weshalb die Region immer noch wächst und weiteres Bauland erschlossen wird.

Frankfurt ist Sitz der Deutschen Bundesbank, der Europäischen Zentralbank EZB und etwa 240 weiterer Geldinstitute aus aller Welt. Im Frankfurter Raum konzentrieren sich außerdem Industriezweige: Lederverarbeitung in Offenbach, Nuklearindustrie in Hanau, Chemie in Fechenheim und Höchst, Autoindustrie in Rüsselsheim. Überdies ist die Region südlich der Wetterau seit Jahrtausenden für ihre fruchtbare Landschaft und ihr mildes Klima bekannt; auf den Frankfurter Wochenmärkten stehen nach wie vor Bauern aus der Wetterau und dem Odenwald. Durch die Gebirgsfaltung des Taunus sprudeln dort warme Quellen, deren heilende Wirkung bis heute in Wiesbaden, Bad Homburg oder Bad Nauheim geschätzt wird.

Wohnturm In der Sachsenhäuser Paradiesgasse 15–17 steht noch der Rest eines mittelalterlichen Wohnturms.

Galluswarte Dieses Relikt der ehemaligen Landwehr in der Mainzer Landstraße wurde bis zur Gründung der St. Gallus-Gemeinde 1903 Galgenwarte genannt. In der Nähe lag das Galgenfeld, die Richtstätte.

Neuer Portikus Ein Provisorium hinter der Säulenfront der alten Stadtbibliothek, am nördlichen Ende der Alten Brücke gelegen, diente lange Zeit als Ausstellungsort. Beim Aufbau der Bibliothek bekam diese Kunsthalle einen Neubau auf der Maininsel an der Alten Brücke. Er erinnert gleichzeitig an die mittelalterliche Brückenbebauung.

Wohnturm, mittelalterlicher Mauerrest

Galluswarte, 1525

Neuer Portikus, 2006

Die Lage war das Kapital der Bürgerstadt Frankfurt ist eine Bürgerstadt – und zwar eine vor allem christlich und jüdisch geprägte, wenn auch die jüdischen Frankfurter erst seit dem frühen 19. Jahrhundert das Bürgerrecht bekamen. Es waren vier einflussreiche Gruppen, die die Stadtgestalt über Jahrhunderte hinweg prägten: Katholiken, Juden, Calvinisten und Protestanten.

Im Unterschied zu katholisch geprägten Städten am Flussufer – man denke an Köln – legte Frankfurt weniger Wert auf eine zum Main hin stolz ausgerichtete Stadtsilhouette mit prägnanten (Kirch-)türmen. Auf alten Stadtansichten fällt auf, dass die wenigen Kirchtürme nicht besonders hoch sind, sondern nur der ›Domturm‹ das Häusermeer überragt – den Turm baute Madern Gerthener im Auftrag des Stadtrats. Heute verweist die Bürgerstadt stolz auf ihre Stadtkrone aus Bankentürmen.

Wegen der Lage am Main, der bei Mainz in den Rhein mündet, lag Frankfurt für Kaufleute von der Nordsee und von den Niederlanden ebenso auf dem Weg wie für Händler aus Italien, Böhmen oder Frankreich. Am Schnittpunkt der europäischen Handelswege konnte eine Handels- und Messestadt entstehen, die dadurch zu Wohlstand gelangte, als Reichsstadt direkt dem König unterstand und sich daher als geeigneter, für den Adel aus allen Himmelsrichtungen gut erreichbarer, neutraler Wahl- und Krönungsort für Könige und Kaiser erwies. Als überregionaler Treffpunkt für Politiker und Händler entwickelte sich Frankfurt seit dem 16. Jahrhundert zu einer Stadt der Buchdrucker und Verlage; erinnert sei an die Stempel AG, den Fischer-Verlag, die Bauer'sche Gießerei und viele andere.

Für die Stadtentwicklung war entscheidend, dass Frankfurt nie Residenzstadt und nie Bischofssitz war: Hier gibt es kein Schloss, keine Burg oder Festung – nicht einmal einen echten Dom. Die Pfarrkirche St. Bartholomäus wird ehrenhalber ›Kaiserdom‹ genannt, weil dort Könige gewählt und Kaiser gekrönt wurden. Da es ohne Residenz auch keinen Hofstaat gibt und die Stadt von einer Patrizieroligarchie regiert wurde, kam Frankfurt auch nicht in den Genuss eines aristokratischen Mäzenatentums. Die Folge: Frankfurt wurde nie mondän, nie extravagant. Im Gegenteil: Der Stadtrat wachte argwöhnisch darüber, dass sich niemand, kein Patrizier und keine erfolgreiche protestantische Gemeinde, ein prachtvolles Statussymbol erlaubte. Anders ausgedrückt: In Frankfurt gab es nichts zu holen. Das Kapital der Stadt war und ist die Lage. Was Frankfurt lebenswert macht, verdankt es den großzügigen Stiftungen seines gebildeten Großbürgertums, besonders unter den das Stadtbild prägenden preußischen Oberbürgermeistern Mumm, Miquel und Adickes.

Kranichsteiner Straße / Grethenweg Dieses Wohnhaus, entworfen von Ernst Balser, ist eines der ersten des Neuen Frankfurt. Hier bezog Margarete Schütte-Lihotzky die Wohnung mit Dachterrasse. Lihotzky entwickelte für Ernst Mays Siedlungsprogramm die Frankfurter Küche.

Hans-Sachs-Straße 6 Für das Neue Frankfurt entwarf Ferdinand Kramer hauptsächlich als Produktgestalter unter Ernst May Kleinmöbel, Beschläge, Gebrauchsobjekte und den ›Kramer-Ofen‹. 1930 plante der Architekt Kramer dieses Wohnhaus im Bockenheimer Diplomatenviertel. 1952 bis 1961 war Kramer Baudirektor der Goethe-Universität.

Weseler Werft Hinter den Wohnbauten am nordöstlichen Mainufer, der Weseler Werft, erscheint das stilbildende Vorbild: die moderat expressionistische Großmarkthalle aus dem Jahr 1928.

Kranichsteiner Straße / Grethenweg, 1926

Hans-Sachs-Straße 6, 1930

Weseler Werft, 2007

Miquel und Adickes gewinnen Mäzene Frankfurt sähe heute völlig anders aus, besäße keine großen öffentlichen Parks, keine Oper, keine Universität und kein Senckenberg-Museum, hätten sich nicht viele Familien mit Stiftungen um das Stadtbild, das Kultur- und Geistesleben, um Bildung, Gesundheit und Armenversorgung gekümmert. Auch das Museumsufer mit seinen Villen voller wertvoller Sammlungen ist ohne bürgerliche, vor allem jüdische Mäzene nicht denkbar. Erinnert sei hier nur an den Demokraten Leopold Sonnemann (1831–1909) – Bankier, Journalist und Verleger der Frankfurter Zeitung – der nicht nur den Bau des Opernhauses ermöglichte, sondern die Rothschildsche und die Senckenbergische Bibliothek förderte und 1899 mit dem Direktor des Städelschen Kunstinstituts den Städelschen Museumsverein ins Leben rief. Sonnemann gelang es, zwei herausragende Politiker als Oberbürgermeister nach Frankfurt zu holen: Erst Miquel, dann Adickes.

Johannes Franz Miquel (1828–1901) löste in seiner zehnjährigen Amtszeit ab 1879 die Finanzmisere der Stadt; die Stadt zahlte nun die Schulden für das unter seinem Vorgänger Mumm von Schwarzenstein begonnene Opernhaus ab, dessen Rohbau 1874 bereits die gesammelte Summe gekostet hatte und bis 1882 mit 6,8 Millionen Reichsmark zu Buche schlug. Miquel setzte auch die unter Mumm begonnene Kanalisation der Stadt fort, vollendete 1886 den Hauptbahnhof und konnte im gleichen Jahr den Westhafen eröffnen. Außerdem gelang es ihm, 26 Stiftungen und Vereine zu motivieren, sich um die brennenden sozialen und kulturellen Belange zu kümmern, ohne den verschuldeten Stadthaushalt weiter zu belasten.

Seinem Nachfolger Franz von Adickes (1846–1915) gelang es zwischen 1890 und 1912 auf der Grundlage des von Miquel sanierten Stadthaushalts, etliche soziale Einrichtungen zu schaffen und Programme für bezahlbare Kleinwohnungen in der rasant wachsenden Stadt zu verwirklichen. Obwohl so viele Menschen nach Frankfurt zogen wie nie zuvor, bekämpfte Adickes durch Gesetze wie die ›Lex Adickes‹ die Bodenspekulation und sorgte durch seine ›Zonenbauordnung‹ für gemischte, grüne Wohnviertel. Während in der abbruchreifen Altstadt die Ärmsten der Armen wohnten, ermöglichte Adickes' Sozialpolitik den Aufstieg Frankfurts zur Großstadt – ohne neue Armenviertel. Sein Lebenswerk war die Gründung der Universität, finanziert durch viele Stifter und Spender.

Frankfurter Montageverfahren und Küche Wenige Monate nach der Eröffnung der Universität in Bockenheim begann 1914 der Erste Weltkrieg, der vieles, was Adickes vorbereitet hatte, wieder in Frage stellte. Nach-

Frankfurter Küche Diese Küche in der Versuchssiedlung des Neuen Frankfurt – der Siedlung Praunheim – ist seit der Bauzeit um 1926 in Benutzung. Das Prinzip der Frankfurter Küche wirkt bis in die Einbauküchen von heute.

Hauptbahnhof Südkopfbau Die Hauptbahnhoferweiterung von 1912 wurde an Nord- und Südseite 1925 durch Kopfbauten mit figürlichem Bauschmuck ergänzt.

Bornheimer Hang Die sanierten Zeilenbauten in der Kettelerallee sind stadtraumprägend. Die Siedlung Bornheimer Hang aus den 1920er Jahren bietet städtebauliche Qualitäten, die bis heute Maßstäbe im Wohnungs- und Siedlungsbau setzen.

Frankfurter Küche, 1926   Hauptbahnhof Südkopfbau, Schluss-Stein, 1927   Bornheimer Hang, 1926 – 1928

dem Tausende Männer im Krieg ihr Leben gelassen hatten, war Frankfurt bereits in den 1920er Jahren eine Stadt der Singles, der allein erziehenden Mütter und Kleinhaushalte. Die Wohnungsnot war groß, Geld knapp. Dass alles unter Hitler noch viel schlimmer kommen würde, ahnten damals nur wenige – zumal, da der Städtebau faszinierende Erfolge zeigte:

Nachdem Adickes bereits große Flächen billig als Ackerland erwerben konnte, ließ Oberbürgermeister Ludwig Landmann mehr als 12 000 bezahlbare Wohnungen bauen: Gartenstädte im Grünen, alle mit Küche und Bad ausgestattet, alle bezahlbar. In den wenigen Jahren zwischen den beiden Weltkriegen war das ›Neue Bauen‹ in Frankfurt so innovativ, dass der zweite internationale Architektenkongress CIAM 1929 die Mustersiedlung in Praunheim auf dem Programm hatte: Wo sonst hätten Le Corbusier, Gropius, Giedion und andere führende Architekten und Publizisten des 20. Jahrhunderts das brennend aktuelle CIAM-Tagungsthema ›Die Wohnung für das Existenzminimum‹ praxisbezogener diskutieren können als hier, wo Ernst May sein ›Frankfurter Montageverfahren‹ mit Bimsbetonplatten zeigen konnte.

Die ›Platten‹ wurden auf dem Messegelände gefertigt und in Praunheim in wenigen Tagen montiert – der Beginn der Fertighäuser. Das Neue Bauen war eine soziale Haltung, kein Stil. Die ›Marke‹ dafür lieferte die junge, aus Wien geholte, bereits für ihre Entwürfe für Einbaumöbel ausgezeichnete Mitarbeiterin Margarete Lihotzky durch die Entwicklung der Frankfurter Küche. Sie ist der Prototyp der Einbauküchen. Erst Lihotzkys Konzept der Küche als modernes Laboratorium, als Nur-Arbeitsküche, ermöglichte es May kalkulatorisch, eine große Neuerung für bezahlbare Wohnungen zu realisieren: ein reines Wohnzimmer. Lihotzkys Küche wurde 1926 sogar im Frankfurter Rathaus auf dem Römer ausgestellt.

In den wenigen Jahren bis zum New Yorker Börsen-Crash 1929 entstanden in Frankfurt die Grundlagen für die großen Siedlungsprogramme nach dem Zweiten Weltkrieg. An die in den 1920er Jahren vom Hochbauamt unter der Leitung von May erarbeiteten Konzepte und Raumaufteilungen konnte die städtische ABG, die ›Aktienbaugesellschaft für kleine Wohnungen‹, nach 1945 nahtlos anknüpfen.

Bis heute ist Frankfurt eine Stadt der Singles und Kleinhaushalte geblieben: Fast 53 Prozent aller Menschen leben hier in Ein-Personen-Haushalten. Die Stadt reagiert darauf mit einem reichen Freizeit- und Kulturangebot, das, gemessen an der Einwohnerzahl, in Deutschland einzigartig sein dürfte. Es ist nach wie vor eine wichtige Aufgabe der Stadt, schöne, kleine, bezahlbare Wohnungen zu erhalten.

Museum der Weltkulturen In drei nebeneinander stehenden Villen am Schaumainkai, Nr. 29, 35, 37, hat das Museum der Weltkulturen seine Räume. Die neobarocke Villa von 1904 ist das Haupthaus der Sammlung.

Deutsches Filmmuseum, Deutsches Architekturmuseum Deutsches Filminstitut, Filmmuseum und Kommunales Kino haben ihren Sitz in der Villa von 1910, Schaumainkai 41. In der Doppelvilla rechts nebenan, 1912 errichtet, wurde nach umfassendem Umbau durch O. M. Ungers 1984 das Deutsche Architekturmuseum eröffnet.

Museum für Kommunikation Das Bundespostmuseum am Schaumainkai 53, seit 1958 in der Villa von 1891, wurde mit dem Neubau von Behnisch und Partner 1990 zum Museum für Kommunikation.

Museum der Weltkulturen

Deutsches Filmmuseum,
Deutsches Architekturmuseum

Museum für Kommunikation

Am Main wohnt man Der Main war hier nie tief – und daher durch mehrere Furten gut passierbar. Dadurch wuchsen die alten Ufersiedlungen schon im Mittelalter zu einer einzigen Stadt zusammen: Nördlich des Mains entstand um die kaiserliche Pfalz eine Siedlung, südlich des Mains siedelte Kaiser Karl der Große der Legende nach Sachsen an, woraus Sachsenhausen entstand. So kommt es, dass man in Frankfurt, im Unterschied zu anderen (Groß-)Städten am Fluss, am Flussufer wohnt. Auch nach der großflächigen Stadtzerstörung im Krieg wurde die Innenstadt mit bezahlbaren, meist kleineren Genossenschafts-Wohnungen wieder aufgebaut. Typisch für Frankfurt ist, dass beide Flussufer nicht von Geschäften mit leuchtender Werbung, sondern von Wohnzeilen gesäumt sind. Vom Main betrachtet, ragen erst hinter den Wohnhäusern im Westen der Stadt die Hochhäuser auf. Am Abend bildet das Ufer keine Dunkelzone, sondern bezaubert durch ein Farbspiel aus den von innen heraus leuchtenden Wohn- und Geschäftsgebäuden und den farbig von außen beleuchteten Museen und dem Domturm. In Sachsenhausen stehen, wie an einer Perlenschnur aufgereiht, am Museumsufer mehrere große Museen mit herausragenden Sammlungen.

Tagsüber gehört das grüne Ufer den Spaziergängern, Radfahrern, den Lesenden und Spielenden, denn der Autoverkehr fließt eher langsam auf der nur zweispurigen Uferstraße, die wegen der dichten Siedlungsbebauung nicht zur Schnellstraße ausgebaut werden konnte.

Es gibt neun Brücken im Innenstadtbereich, die so nahe beieinander liegen, dass es für Fußgänger mehrere angenehme Wege über den Main gibt. Wichtig für die Urbanität ist die fußläufige Verbindung von Sachsenhausen mit der Altstadtseite durch zwei autofreie Brücken: Eiserner Steg und Holbeinsteg verbinden das Museumsufer mit dem Römer und der Nizza-Promenade. Die U-Bahnstrecke verläuft unter dem Main.

Auf dem Main gibt es weniger Frachtschiffverkehr als auf dem doppelt so breiten Rhein, so dass der Fluss hier eher wie ein Freizeitgewässer wahrgenommen wird, auf dem sich im Sommer Ausflugsschiffe mit Gastronomie, Kanufahrer, Tret- und Ruderboote tummeln. Nur etwa alle halbe Stunde zieht ein Frachtschiff vorbei und erinnert daran, dass der Main kein See, sondern auch ein Wasserweg ist. Die Häfen, die in preußischer Zeit am östlichen und westlichen Stadtrand gebaut wurden, haben sich zu begehrten, hochpreisigen Wohnlagen entwickelt.

Das Museumsufer – Teil des Grüngürtels ›Als die Stadt noch Geld hatte‹, wie Frankfurter gerne formulieren, besaß sie eine Vorreiterrolle unter den westdeutschen

Städel Museum 1878 bezog die Sammlung des Städelschen Kunstinstitutes den Neubau von Oskar Sommer. Nach dem Krieg Wiederaufbau durch Johannes Krahn, 1990 Einweihung des Erweiterungsbaus von Gustav Peichl, 1999 Einrichtung gehobener Gastronomie im neu überdachten Hof.

Liebieghaus Nicht nur die Sammlung alter Plastik ist im Schaumainkai 71 zu bestaunen. In der Villa des Barons Heinrich von Liebieg von 1896 sind große Teile der Innenausstattung aus der Bauzeit erhalten.

Museum Giersch In der Villa Holzmann, 1910 für den Bauunternehmer Philipp Holzmann erbaut, richtete die Stiftung Giersch im Jahr 2000 ein Museum für Kunst und Kulturgeschichte aus dem Rhein-Main-Gebiet ein.

Städel Museum

Liebieghaus, Museum alter Plastik

Museum Giersch

Städten, die nach dem Bauboom und den Protesten der späten 1960er und 1970er Jahre gleichsam mit ›kultureller Aufrüstung‹ reagierten. Gerade hier, wo Bürotürme bezahlbare Wohnungen in der Innenstadt rar gemacht hatten, investierte die Stadt in den 1980er Jahren in eine Aufwertung des öffentlichen Raumes durch Kunst und Kultur. Den Hochhausbau versuchte man auf den Westen der Innenstadt zu beschränken, während innerhalb weniger Jahre aufwendige Museumsprojekte wie die Kunsthalle Schirn (1986) und das MMK – Museum für Moderne Kunst (1991) eröffnet wurden. Vor allem rückt seitdem das Mainufer auf der Sachsenhäuser Seite mit einer Folge von Museen in den Fokus: Mehr als 13 Museen, meist in alten Villen, oft mit ambitionierten Anbauten, reihen sich am Schaumainkai zwischen Eisernem Steg und Friedensbrücke wie Perlen an einer Schnur – nicht zu vergessen das Jüdische Museum der Stadt Frankfurt am Main am gegenüberliegenden Untermainkai.

Unter der Marke ›Museumsufer‹ erlangte das auf Initiative des Kulturdezernenten Hilmar Hoffmann bis 1990 verwirklichte Konzept bundesweite Aufmerksamkeit. Die Idee reicht in die 1960er Jahre zurück: Der als ›Erfinder des Grüngürtels‹ gewürdigte Architekt Till Behrens legte bereits 1968 sein Konzept für den Grüngürtel mit dem Museumsufer vor. Heute gehören das Museumsuferfest und die Nacht der Museen zum festen Bestandteil kulturellen Lebens in Frankfurt.

Seinen Charme verdankt das Museumsufer den Villen, die oft noch mit alter Einfriedung und Parks erhalten sind. Der beliebte Spazierweg an der mit Platanen bestandenen Uferpromenade ging aus der Kaianlage von 1873 hervor, die Johann P. W. Schmick als Uferbefestigung geschaffen hatte. Jedes der städtischen Museen geht auf Stiftungen der Besitzer, Sammler und Mäzene zurück. Dazu gehört auch die Villa Metzler, die sich die Bankiersfamilie ab 1802 als klassizistisches Landhaus bauen ließ und die heute das MAK, das Museum für Angewandte Kunst, beherbergt, erweitert um ein zweites Gebäude, das der deutsch-amerikanische Architekt Richard Meier zwischen altem Baumbestand entwarf. Ähnlich liegt das Liebieghaus seit 1896 in einem Garten und birgt seit 1909 das Museum alter Plastik. In einer Villa von 1904 finden die Ausstellungen des Museums der Weltkulturen statt. Ein neoklassizistisches Mietshaus von 1910 dient seit 1984 als Deutsches Filmmuseum, und die benachbarte Villa von 1912 wurde von O. M. Ungers bis 1984 zum Architekturmuseum umgebaut; eine bedeutende Gemäldesammlung ist im Städelschen Kunstinstitut zu sehen, das bis 1878 von O. Sommer geplant und von Johannes Krahn nach dem Krieg wieder aufgebaut wurde.

Schopenhauer-Denkmal Seit 1833 wohnte und dachte der Philosoph Arthur Schopenhauer (1788–1860) in Frankfurt am Main. Die Büste von Friedrich Schierholz erinnert seit 1895 in der Obermainanlage an sein Leben und Wirken.

Ehrengrab Johannes Franz von Miquel In der Nähe des Haupteinganges zum Hauptfriedhof hält die Stadt Frankfurt das Gedenken an ihren Bürgermeister Johannes Franz von Miquel (1828–1901) wach.

Hafenarbeiter Constantin Meunier schuf 1890 die Plastik eines Lastträgers. Der Abguss von 1896 steht seit 1910 am südlichen Kopf der Friedensbrücke. Hier führt die ›Route der Industriekultur‹ vorbei, eine ausgewiesene Strecke am Main entlang bis zum Rhein, die den Reichtum an Industriedenkmalen erschließt.

Schopenhauer-Denkmal, 1895

Ehrengrab Johannes Franz von Miquel, 1901

Hafenarbeiter, 1896

Denkmäler für Menschen in Frankfurt Im öffentlichen Raum der Stadt stehen mehr als 340 Denkmäler, die an Persönlichkeiten erinnern, denen die heute in Frankfurt Lebenden viel zu verdanken haben. Die Stadt selbst betreibt im Internet das Portal www.kunst-im-oeffentlichen-raum-frankfurt.de, über das man sich Geschichte anhand von Personengeschichte erschließen und bei einem Spaziergang auf leichte Weise erleben kann. Viele Denkmäler stehen üblicherweise auf Plätzen, an Brückenköpfen, in Parks wie dem Anlagenring oder vor Gebäuden. Die neueren Denkmäler zeichnen sich zuweilen dadurch aus, dass sie mit Humor auf etwas verweisen – wie etwa das Grüne-Soße-Denkmal, das in Oberrad auf einem Feld steht und bei Dunkelheit zu einer zauberhaften Lichtinstallation wird.

Die Frankfurter Schule Ebenso wie die meisten Museen geht auch die 1914 eröffnete Frankfurter Universität auf Privatinitiative und Stifter zurück. Wenn in diesem Buch der Campus Westend und der Campus Riedberg ausführlicher gewürdigt werden, so darf bei den aufwendigen Umzügen vieler Institute in die neuen Gebäude nicht vergessen werden, dass die Ursprünge der Universität im Stadtteil Bockenheim liegen: Hier war das Zentrum der 1968er Studentenbewegung und des Häuserkampfes im unmittelbar benachbarten Westend, hier wurde vorgedacht, was bundesweit in politische Handlungen umgesetzt wurde. Was Philosophen international mit der Kritischen Theorie, mit Adorno, Horkheimer und Marcuse verbinden, wurde im Schatten der Bockenheimer Warte ersonnen. Dem 1923 in Bockenheim gegründeten und 1950 wieder eröffneten Institut für Sozialforschung standen Max Horkheimer (1895–1973) und Theodor W. Adorno (1903–1969) als die beiden Begründer der Kritischen Theorie vor. Ihr Institutsgebäude steht an der Senckenberganlage 26, gegenüber dem Naturkundemuseum Senckenberg. Die Kritische Theorie konzentriert sich mit den Methoden der Soziologie, Wirtschaftswissenschaft, Geschichtswissenschaft und Psychologie auf die ›Paradoxie der kapitalistischen Modernisierung‹. Gemeinsam mit dem früheren Mitglied des Instituts, des in Kalifornien lehrenden Herbert Marcuse, wurde die Frankfurter Schule wohl zum wichtigsten intellektuellen Bezugspunkt der linken Protestbewegung in der Bundesrepublik. Das Institut für Sozialforschung hätte an keiner anderen deutschen Universität entstehen können, denn es wäre wohl überall vom zuständigen Landesherrn verhindert worden. In Frankfurt hingegen hatten liberale Bürger die Universität gestiftet, so dass die Lehre nicht auf das Plazet für die Finanzierung durch den Landtag angewiesen war.

Struwwelpeter-Brunnen An der Hauptwache sprudelt seit 1985 der Struwwelpeter-Brunnen. Die Bildhauerin Franziska Lenz-Gerharz collagiert Figuren aus den Geschichten des ›Struwwelpeter‹ von Heinrich Hoffmann.

Grüne-Soße-Denkmal Am Rande der Felder in Oberrad, dort, wo die sieben Kräuter der Frankfurter Grünen Soße angebaut werden, reihen sich sieben Gewächshäuschen aneinander: das Denkmal für Borretsch, Kerbel, Kresse, Petersilie, Pimpinelle, Sauerampfer und Schnittlauch, entworfen von Olga Schulz, 2007.

Rinz-Denkmal Die Gestaltung vieler Grünanlagen, vor allem der Wallanlagen, haben die Frankfurter ihrem großen Gärtner Sebastian Rinz (1782 – 1861) zu verdanken. Seinen Verdiensten ist die 1893 von Heinrich Petry geschaffene Plastik in der Friedberger Anlage gewidmet.

Struwwelpeter-Brunnen, 1985

Grüne-Soße-Denkmal, 2007

Rinz-Denkmal, 1893

Fritz Bauer verändert das öffentliche Bewusstsein
Damit hängen weitere Entwicklungen mit deutschlandweiter Wirkung zusammen, die nicht zufällig in der Universitätsstadt Frankfurt am Main stattfanden – in einer Stadt, die weder Residenz gewesen noch Hauptstadt geworden war: Der Auschwitz-Prozess, für dessen Beginn der unerschrockene Generalstaatsanwalt Fritz Bauer (1903 – 1968) seit den 1950er Jahren gearbeitet hatte; der Jurist hatte vor der nationalsozialistischen Verfolgung fliehen können und gründete im schwedischen Exil gemeinsam mit dem späteren Bundeskanzler Willy Brandt die Zeitschrift ›Sozialistische Tribüne‹.

Dank Bauers hartnäckiger Forschungen galt die Staatsanwaltschaft Frankfurt bereits in den 1950er Jahren als vorbildlich in der Aufarbeitung und juristischen Verfolgung der nationalsozialistischen Kriegsverbrecher. Das nach Fritz Bauer benannte Institut ist heute mit der Goethe-Universität assoziiert und hat seinen Sitz im I.G.-Farben-Hochhaus auf dem Campus Westend. Zunächst im Saal der Stadtverordneten im Römer, dann in einem unscheinbaren Bürgerhaus, dem ›Haus Gallus‹ in der Nähe von Hauptbahnhof und Messe, begann im Dezember 1963 der Auschwitz-Prozess, dessen mehrjähriger Verlauf bis in die 1970er Jahre dafür sorgte, dass jeglicher Naivität gegenüber dem Nationalsozialismus mit einer Fülle von Tatbeständen und Zeugenaussagen endgültig Einhalt geboten wurde. Durch Fernsehen und Zeitung gelangten die mehrjährigen Strafprozesse vor dem Schwurgericht in Frankfurt mit eindringlichen Bildern in die bundesdeutschen Wohnzimmer – und von dort an die jüngere Generation und die Studenten, die, vom Hörsaalgebäude in Bockenheim ausgehend, auf die Straße gingen und ihrem Unmut über politische Missverhältnisse Ausdruck gaben.

Die Neue Frankfurter Schule Angelehnt an den Begriff der Frankfurter Schule entstand eine Kunst- und Illustrationsrichtung, die mit der satirischen Zeitschrift ›Titanic‹ verbunden ist. Seit Oktober 2008 hat die Neue Frankfurter Schule mit dem Museum ›Caricatura – Museum für komische Kunst‹ einen eigenen Ort im Leinwandhaus im historischen Stadtzentrum erhalten. Vor dem Leinwandhaus steht das 2008 eingeweihte Elch-Denkmal, das unmissverständlich auf den Museumsschwerpunkt verweist. Mit der Neuen Frankfurter Schule verbinden sich Zeichner und Autoren wie Eckhard Henscheid, F. K. Waechter, F. W. Bernstein, Robert Gernhardt, Chlodwig Poth, Peter Knorr, Bernd Eilert und Hans Traxler. Sie bereicherten mit humorvollen Denkmälern viele Stellen im öffentlichen Raum: Man denke an Gernhardts Grüngürteltier, an das Ich-Denkmal oder den Struwwelpeter-Baum.

Blick vom Domturm auf die Altstadt mit Römer, Paulskirche und Bankenviertel

Das Zentrum

Die Stadt endete am Bastionsring Bis vor etwa 200 Jahren endete die durch ihre Befestigung vom Umland abgegrenzte Stadt mit ihren etwa 25 000 Einwohnern dort, wo heute die Wallanlage mit dem Anlagen-Ring verläuft: Mit seiner kurvenreichen Straße und ebensolchen Spazierwegen in der Grünanlage zeichnet er den Verlauf des Bollwerks mit seinen keilförmigen Bastionen nach. Was sich heute um die Altstadt herum als beliebter, von einigen Villen begleiteter Park darstellt, konnte entstehen, nachdem man die Stadt in napoleonischer Zeit ab 1804 unter Karl Theodor von Dalberg von West nach Ost von ihrem alten Festungsgürtel befreite und zur Landschaft öffnete. Vom Mainufer betrachtet, endete das alte Frankfurt zwischen der Untermainbrücke im Westen und der Ignatz-Bubis- und Flößerbrücke im Osten.

Die nach wie vor wichtigen Ausfallstraßen wurden an Stelle der alten Landstraßen ausgebaut, dort, wo zuvor Brücken über den Wassergraben geführt hatten: die Mainzer-, Bockenheimer-, Eschersheimer-, Eckenheimer-Friedberger-, und die Hanauer Landstraße. Innerhalb der neuen Wallanlagen konnte man die alte Stadt mit zügigem Schritt in etwa einer halben Stunde zu Fuß durchqueren. Jene Stadt, in der mit Lothar II. im 9. Jahrhundert zum ersten Mal ein König gekrönt wurde, die seit dem 14. Jahrhundert zur Messestadt aufstieg, die seit Gutenbergs Erfindung im benachbarten Mainz als ein Zentrum der Buchdruckerei und Verleger galt, und die – neben Köln und Nürnberg – die drittgrößte Stadt des Reiches war!

In dieser, nur einem Bruchteil des heutigen Stadtgebietes von etwa 250 Quadratkilometern entsprechenden Stadt findet man jene Symbole, die man die ›Wahrzeichen‹ der Stadt nennt: den Römer als Verwaltungszentrum, den Dom als Wahl- und Krönungsort und die Paulskirche als Denkmal demokratischer Anfänge. Heute dehnt sich Frankfurt in Nord-Süd- und Ost-West-Richtung jeweils etwa 23,3 Kilometer aus – bis vor 300 Jahren waren es kaum zwei Kilometer.

Die erste Stadtmauer im 12. Jahrhundert Die Besiedlung und Ausdehnung der Stadt ging vom Domhügel mit dem Römerberg aus; der Römer ist bis heute Sitz des Magistrats. Wie in der Einleitung erwähnt, entwickelte sich an dieser Stelle in und auf einem römischen Kastell ein merowingischer Königshof, daraus eine karolingische Pfalz, und in staufischer Zeit war der von Kaufleuten, Handwerkern und Politikern häufig besuchte Ort so gewachsen, wohlhabend und damit schutzbedürftig geworden, dass man auch die jüngeren Häuser außerhalb des ursprünglichen Pfalzgeländes mit einer Ringmauer schützte. Der Verlauf dieser ersten Ummauerung des städtischen Gebietes im 12. Jahrhundert – Staufermauer genannt – ist an den heutigen Straßenzügen Großer und Kleiner Hirschgraben und Holzgraben erkennbar – die Zeil mit Hauptwache und Roßmarkt liegt bereits außerhalb der staufischen Stadt. Zwischen Konstablerwache und Fahrgasse ist ein freigelegtes, restauriertes Stück Staufermauer erhalten. Die Fahrgasse war die wichtigste Nord-Süd-Verbindung zum Main; schon im Jahr 1222 ist von einer Mainbrücke an der Fahrgasse die Rede. Der Name Alte Brücke erinnert an diesen ersten Flussübergang trockenen Fußes.

Gleichzeitig mit der Stadtwerdung im 13. Jahrhundert wächst auch der Stadtteil Sachsenhausen, die Weinbauer-, Fischer- und Schiffersiedlung am südlichen Mainufer, wo Karl der Große der Überlieferung nach im 9. Jahrhundert Sachsen angesiedelt haben soll. Keine zwei Jahrhunderte hatte die staufische Mauer die Bürger und ihre Kirchen umringt, als die Einwohnerzahl wieder so gestiegen war, dass man weitere Flächen schützen musste.

Eine zweite Stadtmauer ab 1333 Seit der Königswahl von Friedrich I. Barbarossa im Jahr 1152 bewährte sich Frankfurt als Wahlort. Die Stadt profitierte davon: 1240 erteilte ihr der König das Messeprivileg, 1320 das Steuerrecht, seit 1372 wurde sie ›reichsunmittelbar‹, das heißt, sie unterstand nur dem König beziehungsweise dem Kaiser. Um die aufstrebende Stadt zu schützen, genehmigte ihr der Kaiser 1333 eine neue, vielfach größere Stadtbefestigung mit 60 Türmen und Wall-Graben-System, ablesbar am ringförmigen Verlauf von Neue Mainzer Straße, Hochstraße, Bleichstraße, Seilerstraße und Lange Straße. Zwischen der alten und der neuen Mauer wuchs die Neustadt in lockerer Anordnung zwischen landwirtschaftlich genutzten Flächen, Feldern und Weingärten. In der Neustadt ließen sich wohlhabende Patrizier und Ratsherren nieder, denen die verwinkelte Altstadt zu eng geworden war. Dort, in den teilweise kaum zwei Meter breiten Gassen und Innenhöfen der Altstadt, spielte sich alles ab, was zum Alltag gehörte, selbstredend ohne Abwassersystem und Müllentsorgung.

Seit dem 15. Jahrhundert kontrollierte eine Landwehr weit vor der Stadt den Reiseverkehr an den sternförmig auf die Stadtmauer zuführenden Landstraßen. Vier der zu diesem Zwecke gebauten Warten gibt es noch: Die Galluswarte, die Bockenheimer-, die Friedberger- und die Sachsenhäuser Warte. Erst im 17. Jahrhundert musste dieses System aus Landwehr und Mauerring abermals aufgerüstet werden: Seit 1627 verstärkten die Frankfurter die Stadtmauer des 14. Jahrhunderts durch den eingangs erwähnten Bastionsgürtel mit den pfeilförmig zur Feldseite ausgerichteten Bastionen.

Ostzeile Nachdem die Frankfurter Altstadt 1945 weitgehend zerstört war, entstand nach jahrzehntelangen Debatten die viel gerügte und viel verteidigte ›Ostzeile‹, Fachwerkhäuser von 1983 – auch ein Stück Denkmalgeschichte.

Haus Wertheim Das einzige Fachwerkhaus, das man vor dem Flammeninferno am Römer retten konnte, ist das Haus Wertheim, ein echtes Original.

Justitia Der Personifizierung der Gerechtigkeit sind in Frankfurt nicht die Augen verbunden. Den Arm mit dem Schwert gesenkt und mit demonstrativ erhobener Waage ruft die Bronzefigur auf dem Gerechtigkeitsbrunnen zu Besonnenheit und fairem Miteinander auf.

Römerberg Hinter der Dreigiebelfassade dehnt sich der wieder aufgebaute, weitläufige Komplex des Frankfurter Rathauses aus, der Römer. Das mittlere der drei Gebäude ist das namengebende ›Haus zum Römer‹, einst ein gotisches Patrizierhaus, heute in der Gestalt um 1900.

Römerberg und ›Kaiserdom‹

Ostzeile, 1983

Haus Wertheim, um 1600

Justitia, 1611, 1887 erneuert

Das Herz der Stadt Die materielle Bausubstanz der über Jahrhunderte gewachsenen Stadt gibt es seit 1944 nicht mehr. Was man heute sieht, sind Gebäude des 20. und 21. Jahrhunderts, denn was aus Fachwerk bestanden hatte, aus Holz und Lehm, war in Flammen aufgegangen. Die einstürzenden Dächer zertrümmerten alle Geschosse mitsamt Einrichtung; einige Gebäude aus Stein – der Dom, das Rathaus, die Ratskirche St. Nikolai, das Steinerne Haus und die Bebauung an der seit 1893 als Schneisen in die Altstadt geschlagenen Braubach- und Bethmannstraße – überstanden das Feuer als Ruinen. Ein einziges Fachwerkhaus blieb am Römer mit Dach stehen: das um 1600 gebaute Haus Wertheim am Fahrtor 1.

Bei der Beräumung der riesigen Schuttberge war klar, dass der Römer als wichtigster und ältester Platz der Stadt wieder erlebbar werden sollte. Gerahmt wird er heute von neuen Fachwerkzeilen: Die Neubauten der 1950er Jahre besitzen zart gegliederte Fassaden; in die Front des neuen Salzhauses baute man einige alte, geschnitzte Gefache ein. Die Häuser der ›Ostzeile‹ sind ein Zugeständnis der 1980er Jahre an die Sehnsucht nach dem alten Stadtbild.

Politische Bedeutung als fränkische Pfalz Wer heute Frankfurts geschichtliche Bedeutung am originalen Ort, zwischen Dom und Römer, nachvollziehen will, braucht Vorstellungskraft. Auf das, was von dem antiken Zentrum und der karolingischen Pfalz übrig geblieben ist, die sogar noch von den Ottonen befestigt und zur Burg ausgebaut wurde, schaut man heute hinab: Dort unten, im ›Archäologischen Garten‹, im Schatten von Domturm, Technischem Rathaus und Kunsthalle Schirn, hat man die Reste des ältesten Teils der Stadt konserviert und ganz bewusst nicht überbaut. Doch die enorme Größe der Pfalz können hier die Besucher allenfalls erahnen, erstreckte sie sich doch unter der heutigen Römerbergbebauung einschließlich Dom. Auch unter den Stauferkaisern wurde an dieser Stelle weitergebaut: Am Mainufer entstand der so genannte Saalhof, vielleicht als Teil einer Königsburg; seine Funktion bleibt ein Rätsel, weil von ihm zu wenig übrig geblieben ist. Seine rekonstruierte Apsis wird wegen des Um- und Neubaus des Historischen Museums in den nächsten Jahren nicht mehr von außen zu sehen sein.

Da die mittelalterliche Königspfalz hier, an der überregionalen Straßenverbindung, immer wichtig blieb, traf sich hier halb Europa. Politiker aus allen Reichsteilen versammelten sich an diesem Ort im Jahr 855 zum ersten Mal, um ihren neuen König – Lothar II. – zu wählen. Viele Generationen später sollte hier zehn Mal ein Kaiser gekrönt werden, in den zwei Jahrhunderten zwischen 1562 und 1792.

Römerberg mit Römer, Rathaus seit sechs Jahrhunderten

Günstig gelegener Wahlort der Könige Wer heute zwischen Dom, Kunsthalle Schirn und Römer spaziert, fragt sich, wo und wie der Stadtrat hier, im Zentrum der mittelalterlichen Reichsstadt, einst Königswahlen – politische Gipfeltreffen auf Reichsebene – organisieren konnte. Wohin mit all den Gästen? Heute schwer vorstellbar: Das Rathaus selbst, der Römer, bestand bis ins 19. Jahrhundert hinein aus kleinen, zusammengelegten Giebelhäusern, in denen die Stadt Empfänge, Feste, glanzvolle Zeremonien und Bankette für den Hochadel ausrichtete. Die Ausstattung einer Königswahl kostete Unsummen – und die Stadtverwaltung war sparsam. In der gotischen Frankfurter Altstadt baute man jahrhundertelang lieber an und um, als neu: ›Bauen im Bestand‹ nennt man das heute.

Wo waren die sieben mächtigsten Politiker des Reiches standesgemäß untergebracht, die wahlberechtigten Kurfürsten, die den König ›kürten‹? Wo wurden Hofstaat, Gefolge, Familien mit Speisen, Musik und Geselligkeit versorgt? Ganz einfach: Sie wurden auf Häuser, Stifte, Niederlassungen der Klöster und Herbergen verteilt. Der König selbst wohnte oft wochenlang im Deutschordenshaus. Man hoffte auf gutes Wetter und baute auf die Lage am Main. Immerhin lag dem Magistrat viel daran, seinen gleichsam seit Friedrich Barbarossas Krönung 1152 durch eine lieb gewordene Gewohnheit bewährten Sonderstatus von höchster Stelle gesetzlich, schriftlich, unumstößlich, gegen die Ansprüche der Konkurrenzstädte, allen voran Aachen, absichern zu lassen. Denn die traditionelle Königserhebung verlief nach festen Regeln: Der zukünftige König wird zunächst in Frankfurt von den Großen des Reiches ›gewählt‹ – im Sinne von erwählt oder ausgewählt, denn es ging darum, dass sich die Kurfürsten vor dem Wahlzeremoniell einigten; nach der Wahl reiste man mit Gefolge weiter nach Aachen, in die Kirche Karls des Großen, zur Krönung. Anschließend ritt der gekrönte König von Aachen nach Köln ein, um im Dom bei den Reliquien der ›Heiligen Drei Könige‹ empfangen zu werden.

Der Frankfurter Magistrat konnte Kaiser Karl IV. davon überzeugen, seiner seit 1311 bereits selbstverwalteten Reichsstadt – keinesfalls ›freien‹ Reichsstadt, ›frei‹ war Frankfurt allenfalls in den fünf Jahrzehnten zwischen 1815 und 1866 – das Privileg als Wahlort zuzusichern. Dieses folgenreiche, 1356 ausgestellte Privileg, ein grundlegendes Gesetz des Mittelalters, ist die Goldene Bulle.

Die Goldene Bulle von 1356 Das Frankfurter Exemplar von 1366 wird im Institut für Stadtgeschichte im ehemaligen Karmeliterkloster gehütet. Der Text legt fest, dass die deutschen Könige in Zukunft in Frankfurt gewählt werden sollen. Die Bürgerstadt lag günstig und war vor

Eiserner Steg, 1869

Eiserner Steg Seit 1869 verbindet die erste Hängebrücke aus genietetem Eisenfachwerk Sachsenhausen mit dem Zentrum. Die Brücke führt auf das Fahrtor zu, durch das man damals auf den Römerberg kam.

Steinernes Haus Eines der ganz wenigen Steinhäuser im alten Frankfurt leistete sich 1464 der Kölner Kaufherr Johann von Melem. Es wurde äußerlich bis 1960 rekonstruiert und beherbergt heute den Kunstverein mit Café.

St. Nikolai Die Nikolaikirche diente als Kirche des Stadtrats und war die erste Kirche Frankfurts, die für evangelische Gottesdienste benutzt wurde. Sie wird 1246 erwähnt, die heutige zweischiffige Halle stammt von 1467.

Schirn Kunsthalle Der Name leitet sich von ›Schern‹ ab, einem offenen Verkaufsstand: Bis ins 19. Jahrhundert hinein war die hier verlaufende Gasse von Ständen der Metzgerzunft gesäumt. Erst ab 1983, 37 Jahre nach Kriegsende, wurde die Fläche zwischen Römer und Dom bebaut.

Table Der israelische Künstler Nitzan Cohen entwarf für das umgebaute Schirn-Restaurant mit dem Namen Table 2009 einen zur Kunsthalle passenden, wandelbaren Raum für spontane Inszenierungen: Um die runde Tafel lässt sich ein schwerer Vorhang absenken.

Steinernes Haus, 1464, 1960   St. Nikolai, ab 1246   Schirn Kunsthalle Frankfurt, 1986   Schirn-Restaurant Table, 2009

allem neutral, denn hier gab es keinen Erzbischof und keinen Fürsten, der sich als Gastgeber profilieren konnte. Den größten und symbolischsten Raum, den die Frankfurter zu bieten hatten, war ihre Pfarrkirche St. Bartholomäus – die erst viel später ›Kaiserdom‹ genannt wurde.

Der Dom als Wahl- und Krönungsort Mehr als zwei Jahrhunderte vergingen, bis sogar der Ort der Krönungen von Aachen nach Frankfurt verlegt wurde, so dass Frankfurt im Jahr 1562 auch zum Krönungsort der Könige beziehungsweise der Kaiser des ›Heiligen Römischen Reiches Deutscher Nation‹ aufgestiegen war. In der Vierung, wo heute der Altar steht, fanden die Krönungsfeiern statt, die in der Regel der Mainzer oder Kölner Erzbischof leitete.

Von 22 Königen wurden 16 in Frankfurt gewählt, und seit 1562 wurden – mit drei Ausnahmen – auch alle Könige in Frankfurt gekrönt. Die letzte Krönung fand im Jahr 1792 im Dom statt. Vierzehn Jahre danach, am 6. August 1806, legte Franz II. die Kaiserkrone nieder. Damit endete das Alte Reich, Europa wurde neu geordnet. Frankfurts Altstadtkirchen, so auch der Dom, gehören seitdem der Stadt; Hausherr des Domes ist der Stadtdekan.

Königswahlen und Kaiserkrönungen fanden also im Dom St. Bartholomäus statt. Dom oder Nichtdom? Kurzum: Einen Dom – das ist die Kirche eines Bischofssitzes – gab es in Frankfurt nie, denn die Bürgerstadt Frankfurt wurde nie von einem Bischof regiert. Auch der 95 Meter hohe Turm, heute meist ›Domturm‹ genannt, wird bis ins 19. Jahrhundert hinein meist als ›Pfarrturm‹ bezeichnet. Erst seit dem 18. Jahrhundert – folglich zu einer Zeit, als das Ende des Alten Reiches und damit auch das Ende von Frankfurts ›großer Zeit der Krönungen‹ absehbar war – wird der Ehrenname ›Kaiserdom‹ häufiger verwendet, um auf die symbolische Bedeutung der größten und als Krönungsort wichtigsten Pfarrkirche der Stadt hinzuweisen.

Die Stifts- und Pfarrkirche St. Bartholomäus hat eine komplexe Baugeschichte; seit der Spätantike wurde sie mehrmals umgebaut und vergrößert. Heute wird der Raum wieder – wie bei allen Altstadtkirchen – von einem einheitlichen gotischen Raumverständnis beherrscht.

Seit 855, von karolingischer Zeit bis zur Säkularisation, war die Pfarrkirche zugleich Stift: Fast tausend Jahre lang lebten hier Kleriker, die von einem Stiftsdekan oder Propst geleitet wurden. Als das Bartholomäusstift im frühen 15. Jahrhundert personell von zwölf Klerikern auf rund 70 erweitert wurde, weil man sich zusätzlich zu den täglichen Chorgebeten weitere Gottesdienste an den mehr als 40 von Bürgerfamilien gestifteten Altären wünschte, wurde es eng in dem großen gotischen Chorgestühl, das bis heute im Chor erhalten ist.

Archäologischer Garten Zwischen Domturm, Schirn und Technischem Rathaus liegt eine archäologische Freifläche, die 1972/73 ergraben wurde, als im ältesten Teil der Altstadt zusätzlich zur U-Bahn eine Tiefgarage ausgehoben wurde. Hier ruhen die ältesten Reste Frankfurts, römische Thermen, die Kaiserpfalz und Reste von Hauskellern.

Merowingisches Mädchengrab Das 1991 gefundene Grab für ein kleines Mädchen der Oberschicht aus dem 7. Jahrhundert belegt die ununterbrochene Nutzung des Domhügels seit der Spätantike.

Postmoderne Saalgasse Man mag die Häuser auf der Rückseite der Schirn, in der Saalgasse, die zwischen Historischem Museum und Weckmarkt verläuft, mögen oder nicht: Sie sind eines der wenigen Beispiele postmoderner Architektur der 1980er Jahre im gehobenen Frankfurter Wohnungsbau.

Archäologischer Garten, 1. Jahrhundert, 1973

Merowingisches Mädchengrab, 7. Jahrhundert

Im 13. Jahrhundert ersetzte man das bestehende Langhaus durch eine gotische Hallenkirche, an die man wiederum ab 1315 einen neuen Chor anbaute – jenen Chor, der bis heute zu sehen ist. Die letzte, ganz erhebliche Vergrößerung der Hallenkirche fügte ihr das markante hohe Querhaus an, das wir heute erleben. Durch dieses seit 1346 angebaute Querhaus wirkt der Dom fast wie ein Zentralbau; im Grundriss fast kreuzförmig, scheinen sich alle Raumteile in der Vierung vor dem langen Chor zu durchschneiden. Diese Gestalt verweist auf die Funktion des Domes als große Versammlungshalle anlässlich der Krönungen. Bei diesem Bautyp – einer dreischiffigen Halle mit gleich hohen Querhäusern – besitzen alle Schiffe, die hier durch Bündelpfeiler voneinander getrennt sind, die gleiche Raumhöhe, im Unterschied zu einer Basilika. Der gotische Hallenbau steckt substantiell bis zur Mauerkrone im heutigen Innenraum, der im 19. Jahrhundert abermals umgebaut wurde.

Neben dem später heiliggesprochen Kaiser Karl dem Großen ist der Apostel Bartholomäus der Hauptpatron der Kirche. Er ist auf Darstellungen daran erkennbar, dass er seine eigene Haut trägt; meist präsentiert er sie, über den Arm gehängt, als Hinweis auf sein Martyrium. Die für jede Kirchenweihe unentbehrliche Reliquie, in diesem Falle das Schädeldach des Apostels, verdankt Frankfurt der Überlieferung nach dem jungen Kaiser Otto III. (983 – 1002), der sie, selbst in Rom lebend, in seine ferne Pfalzkapelle nach Frankfurt sandte. Die geistige Präsenz eines Apostels half Frankfurt bei der Legitimation als kaiserlich-christlicher Traditionsort gegenüber der Aachener Krönungskirche, der ›Pfalzkapelle Karls des Großen‹. Um den imperialen Anspruch gegenüber Aachen geltend zu machen, hilft es, gerade Karl den Großen als den Gründer des Frankfurter Kaiserdomes zu verehren. Geblieben ist davon bis heute das ›Karlsamt‹ am Todestag des Kaisers, dem 28. Januar: Das Karlsamt ist eine Messe mit feierlicher Verehrung (Frankfurtensis urbs regalis), die sich katholische Frankfurter nur ungern entgehen lassen.

Das merowingische Mädchengrab Historisch gesehen, hat sich die Rückbindung der frühen Frankfurter Geschichte an die Karolinger, und sogar noch weiter bis in die Spätantike zurück, durch jüngere Ausgrabungen als richtig erwiesen: Seit 1991, seit dem Aufsehen erregenden Fund eines merowingischen Mädchengrabes aus dem 7. Jahrhundert, das im heutigen Mittelschiff des Domes bei der Sanierung zutage trat, kann man belegen, dass es an diesem Ort spätestens seit dieser Zeit einen Kirchenbau gab. Die Grabbeigaben für das etwa fünfjährige Kind sind heute im Dommuseum ausgestellt, das 1987 im gotischen

Postmoderne Saalgasse, 1980er Jahre

Kreuzgang eingerichtet wurde; wer mehr über die Bedeutung dieses Kindergrabes und die Entwicklung der frühmittelalterlichen Besiedlung erfahren will, dem sei das nahe gelegene Archäologische Museum im ehemaligen Karmeliterkloster empfohlen.

Die wertvolle Bestattung des hochadeligen Mädchens aus der fränkischen Oberschicht im Innenraum einer ersten kleinen Kirche zeigt überdies, dass die lange gehegte alte Vorstellung von einem Bruch zwischen der römischen Zeit und einer erst Jahrhunderte später erfolgten angeblichen Neubesiedlung durch die Franken nicht stimmt. Man kann davon ausgehen, dass in Frankfurt – wie in anderen vormals römischen Zentren auch – zwar die Verwaltungsstrukturen des römischen Imperium mit sinkender Bevölkerungszahl nicht mehr funktionierten, dass jedoch die aus solider Architektur bestehenden einstigen Machtzentren weiter genutzt wurden. An alten europäischen Verkehrskreuzungen wie Frankfurt hinderte der Abzug der Römer die immerhin über vier Jahrhunderte hinweg romanisierte Bevölkerung keineswegs daran, hier weiterhin ihren Geschäften nachzugehen. In der Spätantike hatten die hier ansässigen Franken die christliche Religion übernommen – weshalb die hiesigen Fürsten ihrem verstorbenen Kind im 7. Jahrhundert ein Hemdchen anzogen, das mit einem goldenen Kreuz bestickt ist.

Aus dieser ersten Kapelle – die schmaler war als die Hälfte des heutigen Dom-Mittelschiffes, und mit nur elf Metern kürzer war als die Strecke von drei Pfeilern –, geht der heutige ›Dom‹ hervor. Als diese erste Kirche nach einem Brand in karolingischer Zeit auf eine 18 Meter lange Saalkirche erweitert wurde, baute man diese, vielleicht mit der Funktion als Pfalzkapelle interessanterweise so, dass das Mädchengrab nun an zentraler Position lag; deshalb nimmt man an, dass das Grab für die Karolinger eine besondere Bedeutung besaß. Es war wohl dieser zweite Kirchenbau, den die Karolinger als St. Salvator weihten, und in den Karl der Große im Frühsommer 794 zu einem Konzil lud, das als erste große Kirchenversammlung der Westkirche und zugleich, wie in der Einleitung erwähnt, als Gründungsjahr für die Stadt Frankfurt gilt.

Der Domturm von Madern Gerthener Abgesehen von der Bedeutung von St. Bartholomäus als Wahl- und Krönungsort ist die Stadt stolz auf ihren kunsthistorisch herausragenden Domturm, den sie bis 2009 umfassend sanieren, restaurieren und baugeschichtlich untersuchen ließ. Mit diesem ›ersten Hochhaus Frankfurts‹ stellte die Stadt zum ersten Mal ihren Machtanspruch im Stadtbild dar. Als der Magistrat den außergewöhnlich begabten Steinmetzen

Haus am Dom Im ehemaligen Hauptzollamt von Werner Hebebrand aus den 1920er Jahren entstand 2007 das neue Bildungs- und Kulturzentrum des Bistums Limburg: das Haus am Dom. Die gläserne Treppenhalle verbindet Alt- und Neubau. Die Architekten Jochem Jourdan und Bernhard Müller verhalfen der Architektur Hebebrands wieder zur Geltung.

Mittelschiff und Chor Die Gestalt des Domes als hohe, gut belichtete dreischiffige Hallenkirche hängt unmittelbar mit seiner Aufgabe als Ort für Königswahlen und Krönungen zusammen. Seit 1562 fanden die Krönungsfeiern in der Vierung statt, die letzte Kaiserkrönung war 1792.

Maria-Schlaf-Altar Dieser Altar zählte zu den einst mehr als 40 von Bürgerfamilien gestifteten Altären des Domes. Der Maria-Schlaf-Altar war eine Gemeinschaftsstiftung des Familienverbands Werstatt, Schelm zu Bergen und Rohrbach. Er gehört zu den wenigen erhaltenen Stücken der mittelalterlichen Originalausstattung des Domes.

Dom und Schirn Der Domturm, auch Pfarrturm genannt, war jahrhundertelang der höchste Turm der Stadt. Zu seinen Füßen liegt der Archäologische Garten, rechts der Riegel der Kunsthalle Schirn.

Haus am Dom, 1927, 2007   **Mittelschiff und Chor**   **Maria-Schlaf-Altar**

und Stadtbaumeister Madern Gerthener – geboren um 1360, gestorben 1430 – mit etwa 50 Jahren als Dombaumeister verpflichtete, hatte Gerthener sein Können mehr als zwei Jahrzehnte lang an Häusern und Brücken gezeigt. Als Stadt- und Dombaumeister beeinflusste er die großen Baumaßnahmen seiner Geburtsstadt, seien es Kirchen, Stadttore oder Lagerhäuser: Gerthener baute die (1895 abgerissene) Peterskirche um, schuf die Südfassade für Liebfrauen mit dem Dreikönigsportal, prägte die Karmeliterkirche, den Eschenheimer Turm und den Chor von St. Leonhard. Im Jahr 1415 beauftragte ihn die Stadt mit dem Entwurf und Bau des Domturms, einem aufwendigen und teuren Statussymbol, das nun die Stadtsilhouette als höchster Turm beherrschte. Auch sollte ein Türmer in luftiger Höhe frühzeitig vor Feuer warnen. Etwa hundert Jahre baute die Stadt an dem Turm, danach blieb seine Spitze mehr als 350 Jahre unvollendet. Erst unter Dombaumeister Franz Josef von Denzinger wurde sie nach Gertheners Plänen bis 1880 fertig gebaut.

Gerthener hinterließ seine Könnerschaft an mehreren Stellen im Dom, so auch am heutigen Haupteingang. Grundsätzlich betrat man den Dom damals wie heute von der Nordseite. Doch während der König nicht durch den heutigen Zugang, sondern durch das Krönungsportal im nördlichen Querhaus in den Dom einzog, betritt man den Dom heute über die neugotische Vorhalle. Diese entstand erst nach dem Dombrand von 1867, nachdem der Kreuzgang hier zur Hälfte abgerissen wurde. Hier hatte Gerthener 1415 ein Gewölbe aus Fischblasenmaßwerk geschaffen. Kunstgeschichtlich ordnet man diese Schmuckformen oft als ›spätgotisch‹ ein, ebenso Gertheners Turm. Doch mit dieser stilistischen Kategorisierung wird man kaum jenem innovativen Künstler gerecht, der zwar ›altmodische‹ Maßwerkformen bevorzugt, diesen ›Stil‹ jedoch verwendet, weil er eine Bedeutung damit ausdrücken will. Offenbar benutzt Gerthener, vielleicht, um seinem konservativen Auftraggeber, dem Magistrat, gerecht zu werden, den in Frankfurt bei Privathäusern und Kirchen beliebten ›gotischen Stil‹, um dem Domturm eine spezielle Bedeutung zu verleihen: Er verwendet bekannte Formen, reizt diese aus und führt sie mit höchster Kunstfertigkeit aus, um zu zeigen, dass er sich mit Leichtigkeit an seinen Vorgängern, an der regionalen Tradition, messen kann, um dann mit innovativer Technik etwas Neues, Atemberaubendes zu schaffen.

Frankfurt blieb bis ins 18. Jahrhundert hinein eine durch und durch ›gotische‹ Stadt, im Stadtbild der Fachwerk-Altstadt ebenso wie bei den Kirchen, die man zwar zuweilen im Inneren barockisierte, im Außenbau jedoch die gotische Gestalt bevorzugte.

Berliner Straße, 1952

Der Wiederaufbau begann mit der Berliner Straße
Wie beschrieben, bestand das Zentrum Frankfurts einst aus Fachwerkhäusern, die mit zunehmender Dichte immer mehr in die Höhe und in die Tiefe der schmalen Grundstücke gebaut wurden, so dass viele kleine Innenhöfe entstanden. Ende des 19. Jahrhunderts versuchte die Stadt unter Oberbürgermeister Franz Adickes (seit 1891), diese nur noch von den ärmsten Bürgern bewohnte Altstadt durch einen Straßendurchbruch aufzulockern, indem man die Bethmann- und Braubachstraße als Schneise in die Fachwerkstadt legte. Viele Fachwerkhäuser wurden abgerissen, um die dringend benötigte Kanalisation zu verlegen und mehr Licht in die Gassen zu lassen. Der Braubach verläuft seit dieser aufwendigen Stadtplanung, die bis 1906 durchgeführt wurde, unterirdisch. Nach einem Wettbewerb für die Neubebauung wurde die Braubachstraße im Sinne der damaligen Heimatschutz-Architektur bebaut.

Nach dem Kriege wurden in Frankfurt – wie in allen Großstädten – heftige Debatten um das Wie des Aufbaus geführt: Traditionalisten argumentierten gegen die Befürworter einer modernen, autogerechten Stadt, die den alten Stadtgrundriss und die Plätze erhalten, die wenigen stark beschädigten, jedoch noch vorhandenen Gebäude integrieren und die Stadt ansonsten mit modernen Wohn- und Geschäftshäusern bebauen wollten. Die meisten Ergebnisse in Frankfurt sind politische Kompromisse.

Der Wiederaufbau der Altstadt begann 1952 mit der Berliner Straße: Auf der Grundlage eines Neugestaltungsplans, der mit der Berliner Straße eine dem erwarteten Autoverkehr angemessene Ost-West-Achse und mit der Kurt-Schumacher-Straße eine Nord-Süd-Achse als kreuzförmige Magistralen durch die Stadt legte, wurden nun in der Altstadt zunächst Wohnhäuser gebaut. Man erinnere sich: Das Zentrum wurde bis dahin weitgehend enttrümmert und bestand aus Freiflächen, nachdem man zwölf Millionen Tonnen Schutt abgeräumt hatte. Die maximal fünfgeschossigen Neubauten an der Berliner Straße und das Hochhaus an der Ecke Fahrgasse/Domstraße brachten Licht, Leben, Ladenlokale und damit Menschen an den Ort, der wieder eine Stadt werden sollte. Viele Wohnhäuser bestehen aus so genannten ›TVG-Steinen‹ der Trümmer-Verwertungs-Gesellschaft – das sind Formsteine aus zermahlenem Schutt, vermischt mit Zement.

Voraussetzung für die zügige Bebauung war zum einen die vorangegangene Währungsreform 1948 – damit kam Geld in Umlauf – und zum anderen die oft kritisierte Enteignung der vielen Eigentümer, denen in der kleinteiligen Altstadt die Grundstücke gehörten: Die städtische TVG bot den Eigentümern die Enttrümmerung gegen Überlas-

Berliner Straße Mit der Berliner Straße begannen Stadtplanung und Aufbau der Altstadt nach dem Zweiten Weltkrieg. Zunächst wurden Wohnungen gebaut, während das Herzstück der Stadt, der Römer, freigehalten wurde. Erst Jahrzehnte später, in den 1980er Jahren, wurde der Römerberg bebaut.

Kleinmarkthalle Baudenkmal und seit 1954 eine Frankfurter Legende, die niemand missen möchte: Die Kleinmarkthalle zwischen Liebfrauenberg und Berliner Straße ist Treffpunkt und überdachter Markt mit Köstlichkeiten aus der ganzen Welt.

Museum für Moderne Kunst Wie ein spitzer Keil, oft mit einem Tortenstück verglichen, steht das MMK des Wiener Architekten Hans Hollein seit 1991 im Winkel von Braubachstraße und Berliner Straße.

Kleinmarkthalle, 1953/54

Museum für Moderne Kunst, 1991

sung ihrer Grundstücke an. Es war eine klare Entscheidung der Stadtverwaltung, das Mainufer zwischen Dom und der alten Pfarrkirche St. Leonhard mit Wohnhäusern und großzügigen, grünen Innenhöfen zu bebauen, das Ufer somit der Bevölkerung zu überlassen und weitgehend auf Verwaltungsgebäude und kommunale Statusgebäude zu verzichten. Nach wie vor prägen die meist viergeschossigen, ruhig und im Grünen gelegenen Siedlungshäuser die Altstadt am Mainufer und verleihen ihr die bescheidene Zurückhaltung einer Kleinstadt. Zu dieser Zeilenbebauung gehören Ladenlokale – in der Fahrgasse sind dies heute oft Kunstgalerien –, während über den Geschäften bezahlbare Wohnungen geschaffen wurden.

Durch die Berliner Straße sind zwei neue Quartiere entstanden: das Altstadtviertel vom Mainufer bis zur Berliner Straße, das Dom, Römer und Paulskirchenplatz umschließt, und nördlich davon das Viertel um Liebfrauen und Kleinmarkthalle, das mit der Zeil endet, der nächsten Ost-West-Schneise, an der sich die Kaufhäuser konzentrieren.

Der Römerberg wird nach 1980 bebaut Während die Stadt in Ufernähe wieder Wohnungen schuf, blieb der prominenteste Identifikationsort des alten Frankfurt, das einst mit der fränkischen Pfalz bebaute Gebiet zwischen Dom und Römer, bis in die 1980er Jahre unbebaut. Die als Parkplatz genutzte Fläche ließ erkennen, dass man fast 40 Jahre lang auf politischer Ebene zu keinem Gesamtkonzept fand.

Es war klar, dass man vor der Bebauung des ältesten Stadtteils die Chance nutzen musste, den zum ersten Mal seit Jahrhunderten unbebauten Ort archäologisch zu untersuchen. Für alle deutschen Großstädte gilt: Durch die Zerstörung der Altstädte waren in den wertvollen Stadtkernen große Freiflächen entstanden – willkommene Gelegenheit für den Bau von U-Bahnen und Tiefgaragen. Vermutlich wurden dadurch mehr Kulturschichten zerstört als jemals zuvor. Als Kompromisslösungen entstanden am Römerberg Solitäre, die sich in den Proportionen und Materialien am modernen und nicht am alten Stadtgrundriss orientierten: 1972 an der Braubachstraße das Technische Rathaus und am Römerberg das Historische Museum, das 2010 abgerissen werden soll, 1986 die Schirn. Gemeinsam ist diesen Gebäuden, dass die Öffentlichkeit sie selten liebte – im Unterschied zur Architekturkritik. Rathaus und Schirn sind nach kaum einer Generation in den Details schäbig, sanierungsbedürftig, und es gelang ihnen nie, einen urbanen Ort zu bilden, an dem man gern verweilt. Doch Neubauten in Gestalt von Fachwerkattrappen werden das Dilemma nicht lösen.

Festsaal der Paulskirche Der hohe Saal auf ovalem Grundriss gibt seit 1948 den Rahmen für Festakte. Seine Gestalt entstand zum einen, weil die feierliche Kargheit die Haltung des Büßens nach dem Kriege ausdrückt, und zum anderen, weil die Stadt bei der frühen Planung noch davon ausging, dass der Bundestag in die Paulskirche einziehen werde.

Hessischer Rundfunk Die Rotunde des Hessischen Rundfunks auf der Bertramswiese im Dornbusch gehört zum Verständnis der jungen Demokratie, denn auch sie wurde 1948 im Auftrag der Stadt geplant, als sich Frankfurt noch auf die zukünftige Rolle als Hauptstadt vorbereitete. Der Architekt Gerhard Weber hatte bei dem gläsernen Oval seiner ›Parlamentsrotunde‹ die Paulskirche vor Augen.

Paulskirche Johann Andreas Liebhardt entwarf 1786 eine barocke Kirche. Deren Rohbau vollendete Friedrich Hess 1833 als klassizistisches Queroval. Als die nach Kriegszerstörung wieder aufgebaute Paulskirche 1948 eingeweiht wurde, hegte die Stadt noch die Hoffnung, Bundeshauptstadt zu werden. Das flache Dach der Paulskirche ist keineswegs ein Notdach, sondern bewusste Gestaltung von Rudolf Schwarz, der die Brüche in der Geschichte abbilden wollte.

Die Paulskirche

Festsaal der Paulskirche, 1948

Hessischer Rundfunk, 1948

In der Hoffnung auf die Hauptstadt gebaut Sie besitzt eine Aura besonderer Symbolkraft – dennoch zählt sie nicht zu den meistbesuchten Wahrzeichen der Stadt. Und doch weiß jeder, wo sie steht, sie ist nun einmal ›die Frankfurter Paulskirche‹. Auch wenn es scheint, dass ihre politische Bedeutung mit dem Alltag vieler Menschen wenig zu tun hat, ist Frankfurt ohne die klassizistische Paulskirche so undenkbar wie Köln ohne Dom. Beide besitzen den Rang eines Nationaldenkmals, womit ausgedrückt ist, dass die unter Stadtbaumeister Friedrich Hess 1833 fertiggestellte evangelisch-lutherische Kirche für die Geschichte und Identität der deutschen Nation wichtig ist.

Öffentliche Aufmerksamkeit erhält die Paulskirche immer dann, wenn sie den feierlichen Rahmen für Preisverleihungen mit internationaler Bedeutung bildet, etwa zur Verleihung des Friedenspreises des Deutschen Buchhandels. Warum ist dieser seit März 1944 nicht mehr kirchlich genutzte Zentralbau auf ovalem Grundriss mit dem markanten Turm so symbolisch?

Aus zweierlei Gründen, die miteinander zusammenhängen: Zum einen ist sie der Ort, an dem im Jahr 1848 zum ersten Mal ein gesamtdeutsches demokratisches Parlament tagte. Dieser hoffnungsvolle Aufbruch dauerte zwar kaum zwei Jahre und wurde vom preußischen König Friedrich Wilhelm IV. nicht akzeptiert und schließlich vereitelt. Rückblickend jedoch verdanken wir Heutigen den mutigen Männern, die in der Revolution 1848 für Meinungs- und Pressefreiheit und ein Wahlrecht für alle Bürger kämpften – zunächst für Männer – und dafür selbst schwere Folgen, Spott, Gefängnis und die Todesstrafe riskierten, dass uns heute das Wahlrecht für alle deutschen Bürgerinnen und Bürger so selbstverständlich erscheint, dass viele nicht einmal davon Gebrauch machen.

Zweitens steht die Paulskirche für den demokratischen Aufbruch im Jahr 1946. Nachdem die Kirche nämlich, wie der benachbarte Römer, 1944 bis auf die Umfassungsmauern niedergebrannt war und viele hofften, dass Frankfurt Hauptstadt der Bundesrepublik Deutschland werden würde, baute man sie unter Leitung des Stadtplaners und Kirchenbauers Rudolf Schwarz keineswegs rekonstruierend wieder auf; stattdessen schuf Schwarz einen Symbolraum von schnörkelloser Klarheit und Strenge, der als Plenarsaal bereitstehen sollte – eine Hoffnung, die sich bei der Einweihung am 18. Mai 1948 zerschlagen hatte.

Die Paulskirche ist einer der seltenen Nachkriegsbauten, in dem sich die seelische Erschütterung über die eigenen Verbrechen im Zweiten Weltkrieg architektonisch ausdrücken will, verbunden mit dem aufrichtig gemeinten Versprechen, in Zukunft immer um Freiheit und Demokratie zu ringen.

Karmeliterkloster mit Archäologischem Museum Seit dem Um- und Anbau von 1988 ist das Institut für Stadtgeschichte mit dem Archäologischen Museum im ehemaligen Karmeliterkloster in einem Baukomplex vereint.

Kreuzgang des Karmeliterklosters Der nach dem Krieg wieder aufgebaute Kreuzgang des Karmeliterklosters wurde bis 2009 behutsam saniert.

Wandbild von Ratgeb Dieser Bildausschnitt gehört zu einem großen Gemäldezyklus, den Jörg Ratgeb in mehrjähriger Arbeit bis 1523 im Karmeliterkloster schuf.

Goldene Bulle Der 1356 auf Pergament geschriebene und in mehreren Kopien überlieferte Gesetzestext legt unter anderem fest, dass die Kaiser in Frankfurt gewählt werden. Das Frankfurter Exemplar von 1366 liegt im Institut für Stadtgeschichte.

Karmeliterkloster, St. Leonhard, Liebfrauen, Katharinenkirche

Karmeliterkloster, Archäologisches Museum

Kreuzgang des Karmeliterklosters

Wandbild von Ratgeb, um 1520

Sakralbauten in der Altstadt Frankfurt war bis zur Reformation und dem Übergang zum Luthertum im Jahr 1535 eine römisch-katholisch geprägte Kaufmannsstadt mit etwa 25 Kloster-, Pfarr- und Kollegiatskirchen, Haus-, Friedhofs- und Familienkapellen. Als die Siedlung um die Königspfalz im 12./13. Jahrhundert zu einem städtisch organisierten Gemeinwesen wuchs – 1297 erhielt Frankfurt das erste Stadtrecht –, mussten andere soziale Nöte versorgt werden: Jede Stadt braucht öffentliche Einrichtungen, Krankenhäuser, Friedhöfe, Schulen. In den jungen Städten des 13. Jahrhunderts übernahmen Geistliche diese Aufgaben; Mönche und Nonnen sorgten sich um Arme, Kranke, Alte, Waisen und Gestrandete, indem sie im Schutze der Stadtmauern Klöster, Herbergen und Hospitäler gründeten.

Mit der Enteignung der Kirche und der Säkularisation brach im frühen 19. Jahrhundert zunächst dieses alte soziale Netz zusammen. So sind auch im Frankfurter Stadtbild viele der von Klöstern getragenen sozialen Anlaufstellen verschwunden, etwa das Weißfrauenkloster oder die Niederlassungen der Antoniter, Johanniter und Barfüßer. Erhalten sind im Stadtbild außer der Paulskirche, dem Dom – heute ohne Stiftsgebäude – und der Ratskirche St. Nikolai, in der heute die evangelische Paulsgemeinde beheimatet ist, fünf Kirchen: das Dominikanerkloster, heute Haus der Evangelischen Gemeindeverbände, das Liebfrauenstift, heute Kapuzinerkloster und Pfarrkirche, das Karmeliterkloster, heute Museum, die Pfarrkirche St. Leonhard und die evangelische Katharinenkirche.

Das Karmeliterkloster – Gedächtnis der Stadt Im ehemaligen Karmeliterkloster, das fast 600 Jahre lang bestanden hatte, sind das Archäologische Museum und das Institut für Stadtgeschichte untergebracht. Dort wird das Gedächtnis der Stadt gepflegt, aufgearbeitet und seit vielen Jahren kontinuierlich in Büchern und Aufsätzen publiziert. Eine grandiose Sammlung mit immerhin mehr als einer Million Fotografien, außerdem Stadtpläne, Nachlässe vieler Frankfurter Bürgerinnen und Bürger, Architekten, Bürgermeister, Bankiers und Künstler und eine umfangreiche Bibliothek zur Geschichte der Stadt stehen Interessierten zum Studium zur Verfügung. Im Institut für Stadtgeschichte wird auch eine Version der Goldenen Bulle gehütet; sie ist das wichtigste Verfassungsdokument des Mittelalters, das in der Regierungszeit Kaiser Karls IV. in Nürnberg erarbeitet und in Latein verfasst wurde.

Der Bettelorden der Karmeliter hatte sich 1246 in Frankfurt niedergelassen. Zunächst wohnten die Mönche in angemieteten Bürgerhäusern. Lange bevor sie von

Goldene Bulle, 1356, Frankfurter Exemplar von 1366

einem eigenen Klostergebäude träumen konnten, war ihnen zunächst ein Kirchenbau wichtig. Sie begannen mit den Baumaßnahmen zwar schon bald nach ihrer Ankunft, doch arbeiteten sie an der Kirche über Generationen hinweg – mit mehreren Planwechseln, mehr als zwei Jahrhunderte lang. Die Karmeliterkirche geriet immer länger und höher. Das mächtige Querschiff verdankt sie wohl dem Stadt- und Dombaumeister Madern Gerthener, der ab 1424 das Gewölbe bauen ließ; ebenso sukzessiv entstanden bis 1520 die Klostergebäude.

Jörg Ratgebs große Wandgemälde Während sich die Karmeliter über Generationen hinweg an ihren Baustellen abarbeiteten, bis auch ihre Klostergemeinschaft 1803 aufgelöst wurde und die Gebäude 1944 ausbrannten, ist das Karmeliterkloster vor allem mit dem Namen des Malers Jörg Ratgeb (um 1480–1526) verbunden: Ratgeb schuf hier großflächige Wandbilder, von denen die meisten zerstört wurden, Teile jedoch gerettet werden konnten. An der Nordseite des Chores hatten die Mönche bis etwa 1490 einen flach gedeckten Kreuzgang angefügt, in dessen Obergeschoss ihre Klosterzellen lagen. In fast zehnjähriger Arbeit, zwischen 1514 und 1523, malte Ratgeb auf die Mauern dieses Kreuzgangs einen immerhin 80 Meter langen Gemäldezyklus mit Temperafarben – kein Fresko,

wie oft zu lesen ist. Bei einem Fresko werden die Farben auf den feuchten Putz aufgetragen, Ratgeb malte jedoch ›trocken‹ auf die verputzten Steinwände.

Ratgebs Wandbilder zeigen Szenen aus dem Alten und Neuen Testament und konnten nach schweren Witterungsschäden bis 1986 teils restauriert, teils ergänzt werden. Auch für die Klosterkirche hatte Ratgeb große Wandgemälde geschaffen, doch davon konnten nur Fragmente gerettet werden. Außerdem hinterließ er 1517 auf der langen Südwand des Refektoriums ein Wandbild, das die Geschichte des Karmeliterordens erzählt; auch an den Pfeilern und Fensterlaibungen gibt es figürliche Malereien, vermutlich von Mitarbeitern aus Ratgebs Werkstatt gemalt. Von Dürer, Grünewald und Bosch beeinflusst, sind von Ratgeb außer den Resten im Karmeliterkloster – vermutlich damals die größten Wandbilder nördlich der Alpen – nur wenige Altarbilder erhalten. Der Maler selbst stand im Bauernkrieg auf der Seite der Unterdrückten und bezahlte dies mit dem Leben: 1526 wurde er in Pforzheim hingerichtet.

Während man die Klostergebäude bis 1957 wieder aufbaute, blieb die Kirche bis 1984 als Ruine stehen. Nach einem Wettbewerb wurde die Anlage bis 1988 durch das Architekturbüro J. P. Kleihues für die Nutzung als Museum aufgebaut und dazu um einen neuen Flügel ergänzt.

Salvatorchörlein mit hängendem Schluss-Stein, um 1510

St. Leonhard Frankfurts älteste Pfarrkirche steht unmittelbar am Mainufer. Ihr mächtiges Mittelschiffdach und der langgestreckte gotische Chor beherrschen die Außengestalt der immer wieder erweiterten und umgebauten Pilgerkirche am Jakobsweg.

Fünfschiffige Halle Um 1507 bis 1520 wurde die bestehende Kirche zu einer fünfschiffigen Halle mit Emporen umgebaut.

Salvatorchörlein Der kunstvolle Schluss-Stein entstand im frühen 16. Jahrhundert, als man mit den gotischen Rippenkonstruktionen längst spielerisch umging. Hier wird aus dem konstruktiv notwendigen Bauelement Schluss-Stein eine dekorative – und nach wie vor symbolische – Hängeform.

St. Leonhard, seit 1220

Fünfschiffige Halle mit Empore, ab 1500

St. Leonhard – Frankfurts älteste Pfarrkirche Sie ist die einzige Kirche Frankfurts, die direkt am Mainufer steht. Mit ihrer auffällig hohen, spätgotischen Dachfläche, die sogar die beiden Chorflankentürme überragt, gehört St. Leonhard zu den wenigen alten Gebäuden am Untermainkai. Als Frankfurt noch voller Schuttberge lag, reparierten Stadt und Gemeinde bis 1948 diese Pfarrkirche.

Schon ihre äußere Gestalt verrät, dass die kleine Kirche mehrmals umgebaut wurde: An den gotischen Chor schließt sich das viel höhere, jüngere Kirchenschiff an. Tatsächlich ist St. Leonhard die älteste erhaltene Pfarrkirche der Stadt, gegründet während der ersten Stadterweiterung, gebaut seit 1220 auf kaiserlichem Boden mit Erlaubnis des Kaisers Friedrich II. Aus dieser ältesten Zeit sind die erwähnten Chorflankentürme erhalten.

Atemberaubend schön ist die fünfschiffige Kirche innen: Viele Frankfurter lieben sie als die mystischste der Altstadtkirchen, bezieht sie doch gerade aus der kleinräumigen Vielgestaltigkeit der gotischen An- und Umbauten einen eigenen Reiz. Ihre Details zeigen, dass sich Generationen von Familien mit ›ihrer‹ Kirche verbunden fühlten, sie mit Stiftungen bedachten und sich dort mit ihren Familienwappen verewigten. Diese Stiftungen ermöglichten in St. Leonhard im 15. und 16. Jahrhundert spektakuläre Gewölbe mit phantasievollen Rippenmustern und aufwendig bearbeiteten Schluss-Steinen – wie ein Musterkatalog für Netz- und Sterngewölbe.

Hängende Gewölbe im Salvatorchörlein Vor allem das Sterngewölbe im Chor zählt zu den Meisterwerken mittelrheinischer Gotik. Die Bemalung ist original erhalten. Außerdem verdankt sich dieser Chor wohl dem Stadt- und Dombaumeister Madern Gerthener. Leider konnte er erst kurz vor seinem Tod im Jahr 1430 mit diesem Chorneubau an dem bestehenden Langhaus beginnen, so dass dieser erst posthum, 1434, fertig gestellt wurde. Zwanzig Jahre vorher hatte Gerthener für die Katharinenkirche in Oppenheim einen Westchor (ab 1414) gebaut, der mit dem von St. Leonhard verwandt ist.

Sehr viel später, um das Jahr 1507, baute man das Langhaus zu der heute noch bestehenden fünfschiffigen Hallenkirche um. Erst leitete der Baumeister Hans von Bingen die Baustelle, danach Hans Baltz von Mertenstein, der 1516 starb. Aus seiner Zeit stammt eine weitere Attraktion, die viele nach St. Leonhard zieht: ein hängendes Gewölbe mit einem frei schwebenden Rippensystem, charakteristisch für die Zeit um 1510 bis 1520, doch deshalb nicht minder faszinierend. Das tollkühne Gewölbe schmückt das Salvatorchörlein, eine großzügige Stiftung der Frankfurter Familie von Holzhausen.

Liebfrauenkirche Als katholische Pfarrkirche und Kloster der Kapuziner hat Liebfrauen einen festen Platz im urbanen Leben. Der Liebfrauenbrunnen mit dem Obelisken gibt dem Platz seit 1770 eine Mitte.

Neue Kräme Seit Jahrhunderten verbindet die Neue Kräme den Römerberg mit der Hauptwache und der Zeil.

Dreikönigstympanon Ein Meisterwerk gotischer Plastik ist das Tympanon über dem Dreikönigsportal. Aufgrund stilistischer Vergleiche wird es dem Dombaumeister Madern Gerthener zugeschrieben und auf etwa 1425 datiert.

Liebfrauenkirche, 14. Jahrhundert

Neue Kräme

Liebfrauen – die Citykirche Gibt es jemanden in Frankfurt, der ›Liebfrauen‹ nicht kennt? Die Liebfrauenkirche ist eine Institution, eine den ganzen Tag geöffnete Stadtkirche, in der immer Betrieb herrscht. Gleich hinter der Hauptwache gelegen, an der Neuen Kräme als direktem Weg zum Römer, ist ›Liebfrauen‹ ein lebendiger, kommunikativer Anlaufpunkt in der City, ein gastfreundliches katholisches Zentrum im Herzen der Geschäftsstadt, das jedem offen steht. Hier finden Banker ein offenes Ohr im Turmzimmer, Wohnungslose und Arme ein Frühstück und Wetterschutz, Gehetzte einen steten Ort, Betende eine Nische für die stille Andacht – und nicht zuletzt ermöglicht die modernste Orgel der Stadt seit 2008 spektakuläre Konzerte, oft begleitet durch hervorragende Chöre und Sänger. Seit 1802 gehört auch diese Kirche der Stadt.

Zu verdanken hat die Pfarrkirche ihren festen Sitz als eine mitten in der städtischen Kultur beheimatete Citykirche der Achtsamkeit und dem Gespür von einzelnen Persönlichkeiten: den Kapuzinern, deren Orden seit 1917 in Liebfrauen beheimatet ist. Der Arbeitstag der Kapuziner umfasst Seelsorge, Konzerte, täglich mehrere Gottesdienste mit Predigten und aufwendig vorbereitete Messen zu den christlichen Festtagen. Ermöglicht wird der Umfang dieses Dienstes an den oft anonym nach Liebfrauen kommenden Stadtmenschen durch einen großen Freundeskreis von ehrenamtlichen Frauen, die aus der ganzen Stadt kommen, von den Aachener Franziskanerinnen und durch großzügige Spenden.

Typisch Liebfrauenberg: Kleine Läden Wer vor dem heutigen Haupteingang auf dem Platz steht, der Liebfrauenberg heißt und im Mittelalter einer der wichtigsten Marktplätze war, dem fallen die kleinen Ladenlokale auf, die sich seit Jahrhunderten an das Kirchenschiff schmiegen. Solche Läden gab es früher oft im Schatten von Kirchen, die, wie hier, einen Platz fassten. Diese Südseite der Liebfrauenkirche war immer ihre Schaufront.

Liebfrauen wurde im frühen 14. Jahrhundert von einem Frankfurter Schöffen mit Namen Wigel von Wanebach gestiftet, dessen Grabmal in der Kirche erhalten ist und ihn mit dem Kirchenmodell darstellt. Wanebachs Familie gehörten Grundstücke, die an die Stadtmauer grenzten. Es war so eng, dass der Kirchturm auf der Stadtmauer aufsaß. Deren Verlauf zeichnet heute der Holzgraben nach. Der Liebfrauenbrunnen in der Mitte des Platzes wurde 1770/71 von dem Stadtbaumeister J. A. Liebhardt und dem Bildhauer J. M. Datzerath geschaffen. Ein Obelisk auf dem Brunnenstock trägt eine vergoldete Sonne, während sich vor dem Sockel Flussgötter tummeln.

Dreikönigstympanon, um 1425

Heute eine gotische Hallenkirche Nach mehreren Umbauphasen, die der Kirche seit ihren Anfängen immer wieder eine neue Gestalt verliehen, entspricht der Raumeindruck der dreischiffigen Hallenkirche heute in etwa wieder dem spätgotischen Zustand. Mit einem augenfälligen Unterschied: Nachdem die alten Gewölbe im Krieg 1944 eingestürzt waren, ließ die Stadt sie nicht einfach rekonstruieren, als wäre nichts geschehen. Nur die Gewölbe im spätgotischen Chor, dem liturgisch wichtigsten Raum einer katholischen Kirche – zumal einer Klosterkirche – hat man bis 1958 in alter Gestalt hergestellt, während man bereits 1954 im Langhaus eine flache Holzdecke mit Rhombenmuster einzog – eine angemessene Lösung.

Kaum war die Liebfrauenkirche 1321 geweiht, erhob der Mainzer Erzbischof Mathias sie 1325 zur Kollegiatstiftskirche. Die Folge dieses Aufstiegs in der Kirchenhierarchie: Sie wurde intensiver genutzt und mehrmals erweitert, vor allem im frühen 15. Jahrhundert. Diesen aufwendigen Umbau leitete anfangs der bekannte Frankfurter Dombaumeister Madern Gerthener, dann sein Nachfolger Leonhard Murer, und in den 1470er Jahren Jörg Oestreicher. Bis 1509 entstanden der heutige Chor und die Sakristei. Die barocken Heiligenfiguren und der heutige Hochaltar sind Reste der umfangreichen barocken Umgestaltung des 18. Jahrhunderts.

Dreikönigsportal von Gerthener Die meisten Ausstattungen von Kirchen wie dieser verschwanden im Laufe der Jahrhunderte. Sie verbrannten, wurden geplündert, verkauft, verschenkt, übermalt, umgeschmiedet – wobei fest eingebaute Details aus Stein größere Überlebenschancen als Stoffe und Kelche haben. Ein gotisches Kunstwerk aus Terrakotta ist in der Taufkapelle erhalten. Vom Liebfrauenberg aus sieht man, dass dieser Raum ursprünglich als eine Vorhalle gebaut wurde; Stadtbaumeister Friedrich Rumpf (1795–1867) hatte diese Vorhalle vor die gotische Kirchensüdfassade gesetzt. Mit diesem klassizistischen Anbau von 1824 wurde das gotische Kirchenportal von 1420/25, das Dreikönigsportal von Madern Gerthener, zum Innenportal – ebenso wie das von Gerthener kurz zuvor geschaffene Nordportal des Domturms. Beide Arbeiten sind durch die Vorhallen gut geschützt.

Gertheners Portale im so genannten Weichen Stil zählen zu den Meisterwerken mittelrheinischer Bauplastik. Das Tympanonfeld füllt Madern Gerthener mit einer detailreichen Schilderung: die Anbetung der Heiligen Drei Könige. Offenbar sind seine lebendigen biblischen Erzählungen von der französischen und oberitalienischen Hofkunst beeinflusst, die Gerthener von seinen Wanderjahren gut kannte.

Friedrich-Stoltze-Platz Südlich der Hauptwache und der Katharinenkirche liegt dieser baumbestandene Platz, der seit 1992 nach dem Frankfurter Mundartdichter und Schriftsteller benannt ist. Seit 1981 steht hier ein Denkmal für Stoltze, dessen bekanntestes Zitat wohl lauten dürfte: »Es will mer net in de Kopp enei: Wie kann nor e Mensch net von Frankfort sei!«

Roßmarkt Seit 2009 bilden Roßmarkt und Hauptwache einen großzügigen, Fußgängern vorbehaltenen urbanen Ort im Herzen Frankfurts, an der Zeil. Hinter dem Kaufhof erhebt sich das neue Hochhaus-Ensemble mit dem Namen Palais Quartier, das innen mit der Einkaufspassage MyZeil verbunden ist.

Katharinenkirche Die Vogelperspektive vom Kaufhof auf die umgestaltete Hauptwache mit dem Roßmarkt zeigt den zurückgewonnenen Platz. Die Katharinenkirche war 1678 der erste protestantische Neubau Frankfurts. In der Bildmitte die Hauptwache, im Hintergrund die Commerzbank, im Vordergrund die Zeil.

Friedrich-Stoltze-Platz

Roßmarkt

Die Katharinenkirche Wenn heutzutage in der Einkaufsstadt Frankfurt scheinbar selbstverständlich die alten Kirchen tagsüber geöffnet sind, dann nur deshalb, weil sich viele Ehrenamtliche absprechen und sich, mit Strickzeug oder Laptop gewappnet, in der Kirche mit dem Wachdienst ablösen. Die Pfarrgemeinden der City zählen nur wenige Mitglieder, weil Freßgass' und Zeil den Geschäften vorbehalten sind und in den Fußgängerzonen nur wenige wohnen. Deshalb unterscheiden sich die Aufgaben der wenigen Altstadtpfarreien mit ihren großen Kirchen von der Gemeindearbeit in einem Vorort.

Eine besondere Position nimmt die evangelische Katharinenkirche ein. An der Hauptwache gelegen, zählt die 1678 als erster protestantischer Neubau der Stadt begonnene Kirche gemeinsam mit dem Dom und der jüngeren Paulskirche zu den im Stadtbild wirksamen Innenstadtkirchen. Jede der drei setzt durch ihren markanten Turm ein Zeichen in der Stadt. Der Katharinenturm bezieht sich auf den Domturm von Madern Gerthener – und macht gestalterisch deutlich, dass er den Katholizismus überwunden hat, wenngleich in der Kirche der katholischen Minderheit seit 1562 immerhin der Kaiser gekrönt wurde; die wenige Schritte von der Hauptwache entfernte klassizistische Paulskirche bezieht sich auf die Katharinenkirche und entwickelt ihren Turm formal abermals weiter.

Seit mehr als 330 Jahren setzt die barocke Katharinenkirche mit ihrem der Hauptwache zugewandten Turm einen Akzent an einem wichtigen Verkehrsknotenpunkt. Die Katharinenkirche blieb stehen, die Hauptwache wanderte: Für den U-Bahn-Bau wurde das ehemalige Stadtgefängnis 1968 abgebaut und anschließend wieder aufgebaut – wegen der Treppenanlage zur U-Bahn allerdings um einige Meter von Katharinen weggerückt. Seitdem steht die Kirche noch freier da: Das massive Bauvolumen des diagonal zur Hauptwache gelagerten Zentralbaus mit dem hohen Walmdach tritt deutlich in Erscheinung.

Wicker Frosch stiftete ein Nonnenkloster An dem Platz, an dem seit mehr als drei Jahrhunderten die evangelische Katharinenkirche steht, lag vorher ein katholisches Nonnenkloster, das ein Hospital betrieb. Gegründet und bezahlt hatte diese wichtige soziale Institution, in der manch eine Frankfurterin Zuflucht fand, im Jahr 1344 ein wegen seiner Stiftungen bis heute bekannter Patrizier und Geistlicher mit dem erheiternden Namen Wicker Frosch. Er wählte die heilige Katharina zur Schutzpatronin seiner Stiftung. Fast 200 Jahre lang versorgten die Schwestern an der Hauptwache, damals außerhalb der staufischen Stadtmauer gelegen, Arme, Kranke und Gestrandete, bis das Hospital 1526 aufgehoben wurde. In der damaligen Katha-

Katharinenkirche an der Hauptwache

rinenkirche, dem Vorgängerbau der jetzigen, wurde am 9. März 1522 zum ersten Mal in Frankfurt eine evangelische Predigt gehalten. Doch erst 160 Jahre später, zwischen 1678 und 1681, entstand hier die jetzige Kirche als erster protestantischer Bau – im Auftrag der Lutheraner nach einem Entwurf von Stadtbaumeister Melchior Heßler. An den sozial engagierten Wicker Frosch erinnert sein Grabmal.

Ende des 16. Jahrhunderts waren viele reformierte Niederländer in die Stadt gezogen, die das Gewerbe stark belebten. Als nach dem Fall Antwerpens 1585 auch die Börse nach Frankfurt kam, brachte das Vielen weiteren Wohlstand. Dennoch wachte der Senat der sparsamen Kaufmannsstadt streng darüber, dass auch die wohlhabenden reformierten Gemeinden niemals eine prachtvolle Kirche in das Stadtbild hinein bauten.

Melchior Heßler hatte die Aufgabe, die erste protestantische Kirche Frankfurts zu bauen: bescheiden natürlich und anspruchsvoll, traditionsbewusst und neu zugleich – überdies räumlich völlig anders als eine katholische Kirche organisiert, die ja auf den Chor mit dem Altar konzentriert ist. Evangelische Kirchen sind ganz auf das Wort, die Predigt, also auf die Kanzel, ausgerichtet. Diese muss von allen Plätzen gut zu sehen, die Predigt gut zu hören sein. Für diese Raumfunktion bietet sich – wie bei Oper und Theater – ein Zentralraum an, möglichst mit Emporen, um weitere Plätze zu schaffen. Die Kanzel gehört dort hin, wo alle sie sehen können: an eine der Langseiten, in einer gewissen Höhe angebracht. Heßler gelang ein viel beachteter Barockbau mit einer zweigeschossigen Empore – wohlweislich mit konservativen, gotisierenden Details. Nach diesem Vorbild entstanden auch in Speyer und Worms die Dreifaltigkeitskirchen.

Beim Wiederaufbau bewahrten die Architekten Theo Kellner und Wilhelm Massing 1954 die ursprüngliche Außengestalt der Kirche, weil sie städtebaulich an der Hauptwache unverzichtbar ist. Aus Sparsamkeit entschied man sich sinnvoller Weise gegen eine Rekonstruktion des Inneren. Das Ergebnis ist ein zurückhaltender und dabei festlicher Raum, dessen klare Proportionen zeitlos sind, und überdies ein Konzertsaal mit sehr guter Akustik.

Abschließend sei nicht verschwiegen, was Besucher der Katharinenkirche gern wissen möchten: Goethe war hier. Familie Goethe, die nur wenige Minuten entfernt im Großen Hirschgraben wohnte, gehörte zur protestantischen Katharinengemeinde. Goethes Mutter wurde hier getauft; für die Taufe des kleinen Johann Wolfgang allerdings kam wegen seiner Zartheit der Seniorpfarrer Fresenius nach Hause. Später, als er groß und kräftig war, ging Goethe allerdings öfter in die Katharinenkirche.

Neuer Börneplatz Die gestaffelte Aufstellung der Straßenschilder führt den Wandel des Ortes vor Augen. Hier stand bis zum 9. November 1938 die Börneplatzsynagoge.

Judengasse, Ausgrabung Unter dem Gebäude der Stadtwerke liegt an der viel befahrenen Kurt-Schumacher-Straße etwas versteckt der Eingang zu den Ausgrabungen der Judengasse.

Gedenksteine Seit 1995 erinnert ein Fries mit Namenstafeln an der Mauer des alten jüdischen Friedhofs an der Battonnstraße daran, dass man mehr als 11 134 Bürger aus ihrer Stadt verschleppte und ermordete, weil ab 1933 Denunziation, Verfolgung und Ermordung legalisiert wurden. Zu diesen gehörte auch Anne Frank, am 12. Juni 1929 hier geboren, im März 1945 ermordet.

Staufische Stadtmauer Jahrhundertelang wurden die jüdischen Frankfurter von der Stadt gezwungen, außerhalb der schützenden Stadtbefestigung in einem Ghetto zu wohnen. Reste der Stadtmauer sind hinter der Konstablerwache sichtbar.

Museum Judengasse

Neuer Börneplatz

Judengasse, Ausgrabung

Gedenksteine für 11 134 jüdische Frankfurter

»Schau nicht hin, schöne Sarah«, lässt Heinrich Heine seine Romanfigur, den ›Rabbi von Bacharach‹ wiederholt zu seiner Frau sagen, als sie vom Rhein in die vermeintlich weltoffenere Handelsstadt Frankfurt flüchten. Heine hat seine Erzählung nie fertig geschrieben, doch gerade in diesem Fragment drückt sich schmerzhaft und eindringlich aus, dass das Zusammenleben der christlichen Frankfurter mit ihren jüdischen Nachbarn in der Messestadt über Jahrhunderte hinweg immer wieder von Missverständnissen, Neid und Gewalt durchzogen war. Immerhin gelingt es Heines Protagonisten, sein Leben zu retten, indem er den ihre Nachbarn mordenden Rheinländern entkommt und in der wohlhabenden Messestadt kurzfristig einmal nicht um sein Leben bangen muss.

Es ist wohl tröstlich: Die meiste Zeit ging es gut. Doch die wenigen Monate und Jahre, in denen es nicht gut ging, weil selbst die eilig eingreifende, schützende Hand des Kaisers die Zerstörungswut der christlichen Mehrheit in der Stadt nicht mehr unter Kontrolle bringen konnte, waren Leib und Leben der jüdischen Bewohner von Jetzt auf Gleich einem unberechenbaren Albtraum ausgeliefert.

Der jüdische Friedhof an der Battonnstraße An das letzte Morden von 11 134 jüdischen Frankfurtern, nunmehr von einer zwar demokratisch gewählten, jedoch faschistischen Regierung gewollt, erinnern seit 1995 die Namenstafeln entlang der alten Friedhofsmauer an der Battonnstraße. Für viele Frankfurter sind diese Täfelchen heute der letzte Ort im Stadtbild, der an Großmutter, Onkel oder Freundin erinnert; manche hinterlassen bei ihrem Besuch kleine Steine auf den Namenstafeln.

Hinter der Mauer liegt der Alte Judenfriedhof, auf dem es früher mehr als 6000 Grabsteine aus vier Jahrhunderten gab: Angelegt wurde er 1462, in dem Jahr, als der Magistrat die jüdischen Stadtbewohner in ein Ghetto zwang, in die nunmehr von den Stadtwerken überbaute Judengasse am Wollgraben; benutzt wurde der Friedhof bis 1828, dem Jahr, als der neue, heute noch bestehende Hauptfriedhof am Alleenring (Miquelallee/Eckenheimer Landstraße) angelegt wurde, um die alten innerstädtischen Friedhöfe aus hygienischen Gründen zu schließen. Den Eingang zu dem 1828 als Teil des Hauptfriedhofs angelegten Israelitischen Friedhofs schmückt ein weißes, klassizistisches Portal in dorischer Formensprache, das Stadtbaumeister Friedrich Rumpf (1795–1867) an der Rat-Beil-Straße schuf. Hundert Jahre lang, bis 1928, wurde der Israelitische Friedhof benutzt; deshalb ruhen hier viele bekannte Frankfurter wie etwa das Ehepaar Henry und Emma Budge, Paul Ehrlich, Leopold Sonnemann, Mitglieder der Familien Rothschild und Oppenheim und viele mehr.

Staufische Stadtmauer

Museum Judengasse und Jüdisches Museum An der Battonnstraße/Ecke Kurt-Schumacher-Straße lag nicht nur der Friedhof, sondern von 1460 bis zu ihrem Abriss ab 1874 die Judengasse. Sie war keine fünf Meter breit, etwa 300 Meter lang und die meiste Zeit ihres Bestehens ein hoffnungslos überbelegtes Ghetto. Zu den Schikanen gegenüber der jüdischen Bevölkerung gehörte es, dass die Judengasse abends abgeriegelt wurde – was die Bewohner jedoch nicht davor schützte, von gewalttätigen Bürgern überfallen zu werden. Der Rat der Stadt verweigerte den etwa 3000 jüdischen Bewohnern Frankfurts das Bürgerrecht und zwang sie, gleichgültig wie vermögend oder arm sie waren, in dieser engen Gasse zu leben. Einen bedrückenden Eindruck von der Dichte der etwa 200 schmalen Häuser vermitteln die Ausgrabungen. Die Judengasse erhielt 1885 den Namen Börnestraße, benannt nach dem hier geborenen Dichter.

Erst mit der Aufhebung des Ghettozwangs im Jahr 1811 erhielten die wohlhabenderen Bewohner der Judengasse zum ersten Mal seit Jahrhunderten eine Chance, hier auszuziehen. Statt ihrer zogen andere arme Bürger nach, die keine Juden waren, so dass die Judengasse bis zu ihrem Abriss ab 1874 zum Slum und Elendsviertel herunterkam. Mehr über die Geschichte der Juden in Frankfurt wird im Jüdischen Museum, dem ehemaligen Rothschildschen Palais am Untermainkai 15 vermittelt; beide Museumsstandorte werden von der Stadt geführt.

Frankfurter Herbstmesse seit 1150 In jüdischen Quellen wird bereits 1150 die Frankfurter Herbstmesse erwähnt, die sich aus dem örtlichen Markt entwickelt hat; in einer Königsurkunde hingegen taucht die Messe erst 1227 zum ersten Mal auf. Im Jahr 1240 privilegiert Kaiser Friedrich II. die Gäste der Frankfurter Messe nochmals, indem er ihnen Königsschutz auf der Hin- und Rückreise zusichert, den sie nachweislich bereits seit 1227 beanspruchen konnten. Fast zeitgleich mit dem kaiserlichen Messeprivileg greifen viele Frankfurter 1241 zum ersten Mal die jüdische Gemeinde an, verfolgen und ermorden ihre Nachbarn. Ein Steuerverzeichnis erweist Frankfurt als die wirtschaftskräftigste Königsstadt im deutschen Reich. Etwa hundert Jahre später kommt es 1349 ein zweites Mal zu Gewaltausbrüchen gegen die Bewohner Frankfurts mit jüdischem Glauben. Der Auslöser war diesmal eine große gesamtgesellschaftliche Verunsicherung: Einerseits hatte eine europaweite Pestepidemie viele Tote gefordert, auf die viele mangels medizinischer Ursachenklärung mit hysterischen Schuldzuweisungen reagierten, und zugleich hatte das Gerangel um den Thron auf höchster politischer Ebene zu großen Unsicherheiten geführt.

Goethe-Haus Goethes Geburtshaus im Großen Hirschgraben 23 wurde 1944 zerstört und 1947 bis 1951 rekonstruiert. 1954 konnte das Museum wieder eröffnet werden.

Goethe-Denkmal Der im Jahr 2002 verstorbene spanische Künstler Eduardo Chillida schuf die Skulptur ›Ein Haus für Goethe‹, die 1986 in der Taunusanlage aufgestellt wurde.

Goethe-Standbild Der bayerische Bildhauer Ludwig von Schwanthaler schuf 1844 das klassizistische Goethe-Denkmal für den Standort am Goetheplatz. Schwanthaler stiftete sein Honorar von 5000 Gulden den Bürgern der Stadt Frankfurt.

Willemer Häuschen Am 18.10.1814 feierte Goethe in dem – heute rekonstruierten – klassizistischen Gartenhaus mit der Familie Willemer im Hühnerweg 74 in Sachsenhausen den Jahrestag der Völkerschlacht bei Leipzig.

Goethe-Haus, Bibliothek Die im Zweiten Weltkrieg ausgelagerte Einrichtung des Hauses konnte gerettet und wieder in das rekonstruierte Geburtshaus des Dichters integriert werden.

Das Goethe-Haus

Goethe-Haus, 1755, 1948

Goethe-Denkmal, 1986

Goethe-Standbild, 1844

Willemer Häuschen

Goethe und Frankfurt am Main Einige belächeln es, viele lieben es. Das 1948 wieder aufgebaute Goethe-Haus ist ein Wahrzeichen Frankfurts. Jedes Jahr wollen viele tausend Frankfurt-Gäste aus aller Welt, wenn schon Frankfurt auf ihrem Europa-Reiseplan steht, vor allem jenes barocke Haus sehen, in dem am 28. August 1749 der berühmte Dichter Johann Wolfgang Goethe auf die Welt kam. Das Haus gehörte der Familie Goethe von 1730 bis 1795. Fast 70 Jahre später, 1863, wurde es als Museum, als Goethe-Haus, eingerichtet.

Wie die gesamte Altstadt, so war 1944 auch Goethes Geburtshaus im Großen Hirschgraben 23 bis auf das Sockelgeschoss abgebrannt. Während einige Gehminuten entfernt das demokratische Symbol der zerstörten Bürgerstadt, die Paulskirche, mit Sach- und Geldspenden aus ganz Deutschland im Geiste einer purifizierenden Denkmalpflege aufgebaut wurde, setzten sich beim Goethe-Haus 1946 die Verfechter einer originalgetreuen Rekonstruktion der Wohnräume durch: Wer heute über knarrende Holzdielen durch Wohnstube, Schlafzimmer und Wirtschaftsräume der Rechtsanwaltsfamilie Goethe geht, taucht in das Wohngefühl des späten 18. Jahrhunderts ein. In der Stille der bis ins Detail ausgestatteten Räume beschleicht einen durchaus das Gefühl, dass der kleine Johann Wolfgang und seine jüngere Schwester Cornelia jeden Augenblick fragen könnten, was man denn vor ihrem Bücherregal suche. Das Haus bestand zunächst aus zwei Fachwerkhäusern aus dem 16. Jahrhundert. Diese kaufte der Vater des Dichters, der angesehene Frankfurter Rechtsanwalt Johann Caspar Goethe, im Jahr 1733; erst 23 Jahre später, 1755, ließ er sie mit großem Aufwand zu einem einzigen großen Barockhaus umbauen. In diesem Haus lebte Johann Wolfgang Goethe bis 1765. Original erhalten ist aus dieser Zeit noch im Hof ein Pumpbrunnen aus dem 16. Jahrhundert.

Museum und Forschungsinstitut Über das Warum und Wie von Rekonstruktionen kann man trefflich streiten; Tatsache ist, dass neben dem rekonstruierten Wohnhaus ein wissenschaftliches Institut zur Literatur, Kunst- und Geistesgeschichte der ›Goethezeit‹ arbeitet, das wohl ohne das rekonstruierte Goethe-Haus an diesem Ort nicht denkbar wäre. Das Freie Deutsche Hochstift genießt in der öffentlichen Wahrnehmung seit Jahrzehnten einen festen Platz als wichtiges Kulturzentrum im Herzen der Geschäftsstadt. Ein dichtes Programm mit Vorträgen, Konzerten, Podiumsdiskussionen, Ausstellungen und nicht zuletzt die hauseigenen Publikationen bereichern das aktuelle Geistesleben im Schatten des Bankenviertels. Vor allem steht hier eine umfangreiche Bibliothek mit

Goethe-Haus, Bibliothek

vielen Erstausgaben zur klassischen und romantischen Literatur allen Interessierten zum Selbststudium offen. Gehütet und wissenschaftlich erforscht werden hier viele Nachlässe, eine graphische Sammlung mit etwa 15 000 Objekten und mehr als 40 000 originalen Handschriften.

Goethes Familie prägte das Kulturleben Es ist wahr, dass Johann Wolfgang zwar 1749 in Frankfurt am Main geboren wurde, doch die meiste Zeit seines Lebens in Weimar verbrachte: Nach dem Jurastudium in Leipzig ab 1765, Studien bei Herder in Straßburg und nach seinem erfolgreichen Briefroman ›Die Leiden des jungen Werther‹ wurde der 26-jährige 1775 von dem zehn Jahre jüngeren Herzog von Weimar mit einem großzügigen Jahresgehalt in die thüringische Residenzstadt gelockt. Dort nahm er die nächsten fast sechs Jahrzehnte – mit Unterbrechungen der Kur- und Italienaufenthalte – seinen festen Wohnsitz am Frauenplan bis zu seinem Tod am 22. März 1832. Gelegentlich besuchte er seine Geburtsstadt. Seine Mutter hingegen, Catharina Elisabeth Goethe, geborene Textor, genannt Frau Aja oder Mutter Aja, dürfte für das Frankfurter Kulturleben weitaus wichtiger gewesen sein, versammelte sie doch um sich einen Kreis von Literatur- und Musikbegeisterten, Adeligen wie Bürgern – vor allem Bürgerinnen. Insofern blieb das Goethe-Haus selbst in Abwesenheit seines berühmtesten Bewohners ein reizvoller Treffpunkt für Gäste, deren Namen mit der klassischen und romantischen Literatur verbunden sind. Im Alter nahm sich Goethes Mutter allerdings eine Wohnung am Roßmarkt.

Weitere Orte der Erinnerung In Frankfurt gibt es mehrere Denkmäler, die an Goethe erinnern. Abgesehen von dem ›Haus für Goethe‹ von Eduardo Chillida, das 1986 im Anlagenring aufgestellt wurde, ist 2008 das klassizistische Bronzestandbild Goethes von 1844 nach der Restaurierung auf seinen alten Platz auf dem Goetheplatz zurückgekehrt. Der Dichter selbst ist allerdings nicht in Frankfurt bestattet, sondern ruht in Weimar auf dem Historischen Friedhof in der berühmten Fürstengruft, der vielbesuchten Gedenkstätte vom Rang eines Nationaldenkmals.

In Frankfurt hingegen sind die Grabstätten von Goethes Eltern erhalten: Auf dem ehemaligen Petersfriedhof in der Stephanstraße, der 1828 geschlossen wurde, als der Hauptfriedhof im Nordend angelegt wurde, gibt es viele Grabdenkmäler des 16. bis 19. Jahrhunderts. An der Westmauer erinnert eine Gedenktafel an Goethes Vater, der 1782 in Frankfurt starb, während die Grabstätte seiner Mutter, die ihren Mann um 26 Jahre überlebte, erneuert wurde und im benachbarten Schulhof zu sehen ist.

Freßgass' Die Verbindung zwischen Opernplatz und Hauptwache – Große Bockenheimer Straße und Kalbächer Gasse – hatte früher eine hohe Dichte an Lebensmittelgeschäften und Speiselokalen. Seit der Zeit vielleicht um 1900 nennt der Frankfurter diesen Abschnitt Freßgass'.

Goethestraße In dieser, im Vergleich mit anderen Großstädten sehr kurzen, schmalen Geschäftsstraße reihen sich Modegeschäfte der Haute Couture dicht aneinander. Wer den Blick hebt, entdeckt elegante Geschäftshäuser der 1950er Jahre.

Hauptwache Dreh- und Angelpunkt für jeden Stadtbummel ist die Hauptwache, seit 2009 autofrei verbunden mit der Zeil.

Konstablerwache Jeden Samstag verwandelt sich der große Platz an der Konstablerwache in einen sehr beliebten Wochenmarkt. An dieser Stelle beginnt die Fußgängerzone der Zeil, die sich bis zur Hauptwache erstreckt und über Biebergasse und Freßgass' bis zur Alten Oper fortsetzt.

Freßgass', Hauptwache, Zeil

Freßgass'

Goethestraße

Hauptwache

Nicht wirklich prachtvoll, aber lebendig Hier schlägt das Herz der Einkaufsstadt: Frankfurt ohne Zeil – unvorstellbar. Von der U-Bahn-Station Hauptwache erschließt sich das Zentrum der Geschäftsstadt mit der Haupteinkaufsmeile, die nach Westen bis zur Hauptwache und weiter zur Alten Oper, und nach Osten bis zur Konstablerwache reicht.

Auf mehr als einem Kilometer findet man das, was viele an Frankfurt lieben, diese Mischung aus Großstadt mit Kaufhäusern und kleinstädtischer Gemütlichkeit mit Straßencafés. Architektonisch alt ist an der Zeil naturgemäß wenig, Shopping beißt sich meist mit Denkmalpflege. Die Bilder der Vergangenheit werden allenfalls als Dekoration gebraucht, das heißt, sie müssen nicht wirklich alt und original sein. Wo an der Zeil seit dem 19. Jahrhundert prachtvolle Kaufhauspaläste für den Abriss der alten großbürgerlichen Villen sorgten und deren berühmte Gärten verschwanden, werden folgerichtig im 21. Jahrhundert für noch größere Einkaufsflächen abermals Grundstücke zusammengelegt. Was die Generation zuvor mit Stolz als Wahrzeichen der Nachkriegszeit baute, etwa das Rundschauhaus oder das Fernmeldeamt, ist im Stadtraum verschwunden und vergessen. Um dennoch in der sich verändernden Innenstadt Orientierungspunkte zu bewahren, werden einzelne bekannte Gebäude, wie das Eschenheimer Tor oder die Hauptwache, als Erinnerungen an das Alte bewahrt – und dafür zuweilen rekonstruiert oder verschoben: Als 1968 die Frankfurter U-Bahn gebaut wurde, trug man die barocke Hauptwache Stein für Stein ab und baute sie wegen der geänderten Straßenführung einige Meter weiter wieder auf.

Doch was ist die Hauptwache eigentlich architektonisch? Von außen gesehen ein unentschlossenes Zwittergebäude: einerseits ein bescheidener Pavillon aus regional typischem roten Sandstein, und andererseits sitzt darauf ein mächtiges, für hiesige Kirchen typisches Dach mit einem martialischen Relief im Giebel – wie ein Triumphbogen mit Hut. Gebaut hatte es Stadtbaumeister Johann Jacob Samhaimer 1729/30 im Auftrag des puristischen Stadtrats, dem nichts mehr zuwider schien als teure Prachtentfaltung. Doch da die Hauptwache immer frei auf einem der wenigen großen Plätze stand und sich mittlerweile die patrizische Führungsschicht nördlich der Zeil schlossähnliche Anwesen schuf, repräsentierte das städtische Wachgebäude, das auch als Gefängnis diente, auf dem von auswärtigen Kaufleuten ständig frequentierten Platz auch die Stadt selbst.

In der Freßgass' – Große Bockenheimer Straße 31 – hat ein schmales Rokokohaus aus der Zeit um 1760 Krieg und Trümmerbeseitigung überstanden.

Opernplatz Der Opernplatz liegt an der Nahtstelle von mittelalterlicher Stadt und Beginn der Bockenheimer Landstraße. An dieser Stelle endete Frankfurt bis um 1800. Hinter der Alten Oper beginnt die Bockenheimer Anlage, Teil der Wallanlagen von 1812.

Neue Börse Der Bau der (Alten) Oper und der Börse fand fast zeitgleich statt, nachdem Frankfurt im 19. Jahrhundert als Börsenstadt so erfolgreich wurde, dass die klassizistische Alte Börse von 1843 am Paulsplatz – heute zerstört – bereits 1879 durch diese, die Neue Börse, ersetzt wurde. Die Begriffsverwirrung geht weiter: Denn die Neue Börse nennen viele seit dem Umzug in den Neubau Am Industriehof im Jahr 2000 ›alte Börse‹.

Alte Oper »Dem Wahren Schönen Guten« soll sich laut Giebelinschrift die Oper widmen. In der Formensprache der italienischen Renaissance gebaut, wurde die Oper am 20. Oktober 1880 in Anwesenheit Kaiser Wilhelms mit ›Don Giovanni‹ eingeweiht. Im Krieg 1944 ausgebrannt, wurde sie bis 1981 als Konzerthaus aufgebaut, nachdem am Willy-Brandt-Platz ein neues Opernhaus entstanden war – seitdem heißt sie Alte Oper.

Alte Oper

Opernplatz, 1880

Neue Börse, 1879

Ein Palast des gebildeten Großbürgertums Die Alte Oper ist ein gutes Beispiel für ein nach der Zerstörung im Krieg wieder hergestelltes Gebäude, das städtebaulich für die Orientierung in der sich ständig verändernden Geschäftsstadt Frankfurt Halt gibt. Während die Hauptwache das Zentrum der Einkaufsstadt um die Zeil herum markiert, zieht sich die verkehrsberuhigte Einkaufszone nach Westen bis zur Alten Oper.

Hier werden Zeil und Freßgass' zur Bockenheimer Landstraße, hier wird die Einkaufszeile der Fußgänger zur Banken- und Verwaltungsmeile für Autofahrer. Mit ihrem den Opernplatz prägenden Bauvolumen steht das Operngebäude von 1880 am westlichen Rande der Innenstadt, auf dem durch die Schleifung der Stadtbefestigung bis 1812 frei gewordenen Gelände, das bis vor 200 Jahren zwischen Stadtmauer (im Verlauf Neue Mainzer Straße/Hochstraße) und barocker Bastion (Taunusanlage) lag.

Der Opernplatz ist heute einer der wenigen erkennbaren Plätze im Stadtbild, an denen sich das Lebensgefühl der zu Wohlstand gelangten und ihrer Stadt verpflichtet fühlenden neuen Führungsschicht des späten 19. Jahrhunderts ausdrückt. Der Platz entstand – wie auch der Kaiserplatz vor dem Hauptbahnhof – jeweils für das neue Repräsentationsgebäude mit einer optisch wirksamen Platzwand aus prachtvollen Wohn- und Geschäftshäusern.

Erhalten wurden am Opernplatz nur die Häuser Nr. 6 und Nr. 8, die F. J. Schmidt 1881 baute, letzteres mit Skulpturen von G. Herold, und das Haus Nr. 10 von A. F. Kayser dem Jüngeren aus dem gleichen Jahr. Mit dieser Bebauung war die Höhe der Platzumrandung definiert; diese städtebauliche Regel wurde 1957 durch das 68 Meter hohe Zürichhaus gebrochen, das abgetragen wurde und an dessen Stelle sich seit 2009 der 170 Meter hohe Opern-Turm des Architekten Christoph Mäckler erhebt.

Geplant und begonnen in der Amtszeit des Oberbürgermeisters Heinrich Mumm wurde die Alte Oper erst unter Mumms Nachfolger Johannes von Miquel 1880 fertiggestellt. Dem Initiator der Oper, Mumm, dessen Familie durch ihren gleichnamigen Sekt wohlhabend geworden war und bis 1904 in einem prachtvollen Palais auf der Zeil wohnte, ruinierte der ehrgeizige Bau den Ruf als Oberbürgermeister, denn die Oper kostete ein Mehrfaches der von Mumm akquirierten Sponsorengelder, so dass die Stadt einen Schuldenberg von mehr als 4,5 Millionen Reichsmark abbezahlen musste. Mumms Nachfolger Miquel sanierte nicht nur den Stadthaushalt, sondern war auch derjenige, der die Oper schließlich einweihen konnte – und damit Ehre erlangte. Nach der Zerstörung im Zweiten Weltkrieg stand die Ruine fast vier Jahrzehnte lang ausgebrannt am Opernplatz.

Nebbiensches Gartenhaus In der Bockenheimer Anlage schuf der Architekt Nicolas Alexandre Salins de Montfort 1810 diesen klassizistischen Pavillon. Seit 1952 dient er dem Frankfurter Künstlerclub e.V. als Ausstellungssaal.

Eschenheimer Turm Im Zuge der so genannten Zweiten Stadterweiterung ab 1333 verdreifachte sich die Stadtfläche bis zu den heutigen Wallanlagen. Der Eschenheimer Turm, im frühen 15. Jahrhundert Stadttor, ist das älteste original erhaltene Baudenkmal der Innenstadt.

Eschenheimer Anlage Dieser Teilabschnitt der Wallanlagen erstreckt sich vom Eschenheimer Tor bis zur Friedberger Anlage. Hier sind die Rückseiten der spätklassizistischen Wohnhäuser in der Krögerstraße aus den 1850er Jahren zu sehen.

Wallanlagen Der zackenförmige Verlauf der durchgrünten Wallanlagen zeigt, wo die Stadt bis 1804 endete; im Hintergrund der Eschenheimer Turm. An Stelle der geschleiften Stadtbefestigung entstand bis 1812 ein öffentlicher Landschaftsgarten. Das 1827 erlassene, bis heute gültige ›Wallservitut‹ verbietet per Gesetz, dass die Wallanlagen bebaut werden.

Der Anlagenring

Nebbiensches Gartenhaus, 1810   Eschenheimer Turm, ab 1400   Eschenheimer Anlage

Die Neustadt zwischen Zeil und Anlagenring Zeitlich betrachtet, steht die Alte Oper gewissermaßen schon am Ende einer Entwicklung: der einschneidenden gesellschaftlichen Veränderung in Frankfurt im Laufe des 19. Jahrhunderts mit dem Wandel der alten Kaufmannsstadt zur Industriestadt. Bevor sich Stadt und Großbürgertum die Flächen außerhalb der spätmittelalterlichen Befestigung aus dem 14. Jahrhundert erschlossen und sie als ›Westend‹, ›Nordend‹ und ›Ostend‹ bebauten, hatte sich die Neustadt immer stärker verdichtet. Die ›Neustadt‹ – heute als Innenstadt bezeichnet – war jener ringförmige Streifen von etwa einem halben Kilometer Breite, der zwischen der ›Altstadt‹ mit der Staufermauer und dem sternförmigen Bastionsring lag; heute entspricht dies dem Stadtgebiet zwischen Zeil und dem Verlauf von Hochstraße und Bleichstraße.

Die Altstadt war also innerhalb der Staufermauer immer dichter zusammengewachsen. Die Gassen zwischen den Fachwerkhäusern wirkten zunehmend schmaler, weil man nur in die Höhe bauen konnte, die Häuser daher weiter aufgestockt wurden und die oberen Geschosse, um Fläche zu gewinnen, möglichst weit in die Gassen vorkragten. So baute man hier die Fachwerkhäuser grundsätzlich über Jahrhunderte hinweg nach dem gleichen Prinzip, dem fränkischen Fachwerk, wie man es ebenso in Dörfern kennt. In Frankfurt hat man diese Bauweise an städtische Bedürfnisse mit langen engen Höfen angepasst. Um die enge Altstadt herum lagen Felder, Höfe, Nutz- und Weingärten, die man mit steigender Bevölkerungszahl seit 1333 durch eine weitere Umwehrung schützte. Mit dieser juristisch und wehrtechnisch wirksamen Mauer wurde die Neustadt für begüterte Familien, für Patrizier und für Klosterneugründungen interessant. Als Pfarrkirche der Neustadt wurde die Peterskirche gebaut.

Indem die Neustadt aufblühte, verschob sich das Geschäftsleben vom Römer nach Norden in Richtung Neustadt mit der Hauptwache, dem Rossmarkt und der Zeil. Der Römer behielt seine Bedeutung als Verwaltungszentrum, das zwischen dem Mainhafen und den Marktplätzen der Neustadt lag – und er blieb das altehrwürdige, traditionelle Herzstück der reichspolitisch weiterhin wichtigen Wahl- und Krönungsstadt.

Durch die Stadttore führten die Straßen sternförmig ins Umland. Am Rande der Landwehrwege entstanden Herbergen und Betriebe. Wichtige Verbindungen führten nach Bockenheim, Bornheim und Bergen: Dadurch bekam die Stadt, die entlang der Bockenheimer Landstraße und der Berger Straße allmählich mit den Dörfern zusammenwuchs, im Grundriss die Gestalt einer Mickey-Maus. Die beiden ›Ohren‹ sind Bockenheim und Bornheim –

Wallanlagen, 1804–1812

jene Orte, die folgerichtig schon sehr früh in die Stadt Frankfurt eingemeindet wurden.

In Frankfurt gab es wenig Spektakuläres zu sehen – und auch wenig zu holen. Dadurch kam die Stadt sogar im Dreißigjährigen Krieg relativ glimpflich davon. Sie blieb bis ins 18. Jahrhundert hinein, länger als andere Städte, die erobert, zerstört und neugebaut werden mussten, eine mittelalterlich geprägte, verwinkelte, enge Stadt, in der sich nur wenige Bauherren barocke oder frühklassizistische Überformungen leisteten. Auch die erwähnten gotischen Altstadtkirchen und -klöster wurden oft nur barock ausgestattet, während sie im Außenbau gotisch, bescheiden, konservativ blieben.

Anders als etwa in den reichen flandrischen Handelszentren, erlaubten sich in Frankfurt nur wenige Patrizier Steinhäuser – denn grundsätzlich war es in der Stadt der Kaufleute verpönt, für sich selbst prächtig zu bauen, vor allem, seitdem die Stadt 1535 protestantisch geworden war. Angesehen war Großzügigkeit hier nur dann, wenn sie ganz offenkundig dem Wohle der Allgemeinheit diente, wenn man also ein Stift für arme Frauen gründete – wie der Patrizier Wicker Frosch im 13. Jahrhundert mit St. Katharinen, oder wie später Johann Christian Senckenberg mit seinem Bürgerhospital und seiner naturkundlichen Sammlung.

Die Wallanlagen als Musenort Diese puristische, skeptische Haltung der Bürgerschaft gegenüber privat entfalteter Pracht wurde mit dem Ende des Alten Reiches unter der französischen Besatzung etwas milder und sinnenfroher. Auf Anregung des Maire Jakob Guiollett wandelte der Stadtgärtner Sebastian Rinz die bis 1818 einplanierte, da längst sinnlos gewordene barocke Befestigung in eine vorbildliche, damals bereits sehr gelobte öffentliche Parkanlage um. Das Kultur liebende Bürgertum konnte aufatmen: endlich ein freier Blick bis in den Taunus, städtisches Grün zum Flanieren und Sinnieren, endlich einladende begrünte Plätze, die weder als Viehmarkt noch als Hinrichtungsstätte dienten.

In den Wallanlagen sind zwei der klassizistischen Parkbauten erhalten. Sie verdanken sich dem Kunstsinn des Bankiers Simon Moritz von Bethmann (1768–1826). Zunächst ließ Bethmann um 1810 das Nebbiensche Gartenhaus in der Bockenheimer Anlage für einen Teil seiner Kunstsammlung bauen; wenig später gab er ein größeres Museum für seine Skulpturensammlung in Auftrag: das spätere Ballhaus Odeon in der Seilerstraße 34. Das Odeon ist wie eine Orangerie gebaut, eingeschossig mit Attika. Diese Parkbauten erinnern daran, dass Frankfurt zu Bethmanns Zeit stellenweise eine weiße Stadt war, die für ihre klassizistische Architektur gerühmt wurde.

Portikus der Alten Bibliothek, 1825

Schiller-Eiche Zum hundertsten Geburtstag von Friedrich von Schiller wurde in der Friedberger Anlage am 10. November 1859 eine prachtvolle Eiche für den 1805 verstorbenen Dichter gepflanzt.

Wasserhäuschen Seit den 1920er Jahren gibt es in Frankfurt viele Trinkhallen, wie diese in der Wallanlage. In Frankfurt Wasserhäuschen genannt, sind die Kioske leider noch nicht denkmalgeschützt und oft vom Abriss bedroht.

Rechneigraben Die barocken Bastionsmauern sind noch am Rechneigrabenweiher erhalten, der auf Betreiben von Jakob Guiollett als Teil der Obermainanlage angelegt und von Sebastian Rinz gestaltet wurde.

Portikus Die klassizistische Stadtbibliothek, die Stadtbaumeister Hess 1820 bis 1825 baute, wurde im Zweiten Weltkrieg weitgehend zerstört. Der stehengebliebene Portikus wurde 2005 ergänzt und dient seitdem als Literaturhaus.

Schiller-Eiche, 1859 gepflanzt

Wasserhäuschen, 1920er Jahre

Rechneigraben

Eine der schönsten Städte Europas Einmal in seiner Geschichte eilte der Kaufmannsstadt Frankfurt, wenn auch nur für kurze Zeit, der Ruf als eine der schönsten Städte Europas voraus. Für die Dauer weniger Jahrzehnte wirkte Frankfurt auf Reisende, die in die Stadt hinein fuhren, wie eine weiße Stadt: Um die kleinteilige Fachwerkstadt herum legte man eine klassizistische Ringbebauung mit einem neuen Stadtviertel, von dem fast nichts mehr übrig ist, das Fischerfeldviertel. Etwas gibt es aus dieser Zeit noch: den Rest der klassizistischen Stadtbibliothek.

Das neue Stadtviertel Fischerfeld wurde ab 1797 am östlichen Rand der Altstadt angelegt. Im Auftrag der Stadt baute Stadtbaumeister Johann Christian Friedrich Hess dort auf einem regelmäßigen Grundriss große, palaisähnliche Miethäuser. Zugleich entstand um den Anlagenring herum ein Kranz aus klassizistischen Landhäusern und öffentlichen Gebäuden. Diese großstädtische Eleganz gipfelte 1820 im Baubeginn der Stadtbibliothek, die sich als ›Tempel der Freiheit und Wissenschaft‹ an der Mainpromenade, am Ufer des neuen Fischerfeldviertels, erhob.

Schöne Aussicht – der Portikus An diesem exklusiven Uferplatz, wo der Anlagenring mit der Obermainanlage ganz im Osten der Neustadt auf das Mainufer stößt – eine Adresse, die bis heute den Namen ›Schöne Aussicht 2‹ trägt – errichtete Stadtbaumeister Hess zwischen 1820 und 1825 die klassizistische Stadtbibliothek. Hess hatte bereits 1809 mit seiner Bauordnung den Klassizismus als Stil für alle Neubauten vorgeschrieben. Ganz im Geiste humanistischer Ideale waren antike Tempel das Vorbild – wobei man sie sich in reinem Weiß vorstellte, während man heute weiß, dass in der Antike nicht nur Skulpturen, sondern auch Tempel farbig gestaltet waren. Von der Bibliothek überstand nur der Eingang, der Portikus mit dem Tympanon, der von sechs korinthischen Säulen getragen wird, den Zweiten Weltkrieg. Die langen Debatten über das Wie und Wozu eines Aufbaus fanden 2005 ein glückliches Ende: Das Architekturbüro Christoph Mäckler baute die Bibliothek für die Nutzung als Literaturhaus in vereinfachter Gestalt wieder auf.

Die 1825 eingeweihte Stadtbibliothek war bereits ein mehrfach reduzierter Entwurf, den Hess als Kompromiss gefunden hatte, nachdem sein ursprünglicher Plan die Stadtkasse überfordert hatte. Die Stadtbibliothek war somit von Anfang an für ihre Nutzung zu klein dimensioniert. Wer heute, zwei Jahrhunderte später, die neue Zentrale der Stadtbibliothek in der Hasengasse 4 betritt, findet großzügige Arbeitsbedingungen im Herzen der Altstadt, die allen Bürgern kostenfrei zur Verfügung stehen.

Juniorhaus Stilbildend wirkte das Juniorhaus von Wilhelm Berentzen am Kaiserplatz, das 1951 als eine der ersten anspruchsvollen Lückenschließungen der zerstörten Altstadt auffiel.

Wohnhaus Battonnstraße/Fahrgasse Fast zeitgleich: Als die Berliner Straße 1952 in einer weitgehend von Trümmern beräumten Innenstadt entstand, setzte dieses Wohnhaus einen Akzent.

Bienenkorb-Haus Als Auftakt zur Zeil an der Konstablerwache verstand sich 1954 das Gebäude von Johannes Krahn. Vorbild war das Lever Building in New York von Skidmore, Owings and Merrill.

Bayer-Haus In die gleiche Phase gehört das Bayer-Haus von 1952 am Eschenheimer Turm, das viele Jahre gemeinsam mit dem 2004 abgerissenen Fernmeldehochhaus von 1954 ein grandioses Ensemble bildete.

Bockenheimer Landstraße Blick in Richtung Opernplatz mit Opernturm. Das Westend-Duo wurde 2006 von KSP gebaut; es ersetzt den abgerissenen Hochtief-Turm von Egon Eiermann aus dem Jahr 1968.

Die Hochhäuser und das Bankenviertel

Juniorhaus, 1951   Battonnstraße/Fahrgasse, 1952   Bienenkorb-Haus, 1954   Bayer-Haus, 1952

›Wolkenkratzer‹ seit den 1920er Jahren Frankfurt ist die einzige deutsche Stadt mit einem Hochhausviertel. Bauherren und Auftraggeber der Wolkenkratzer waren und sind, mit wenigen Ausnahmen, Banken, Konsortien und Versicherungen – mithin selten Einzelpersonen. Das Besondere an der Frankfurter Skyline besteht darin, dass es trotz der bedauerlichen Abrisse einiger denkmalgeschützter Hochhäuser dennoch alte hohe Bauten der Weimarer Republik und der jungen Bundesrepublik gibt.

Das Bankenviertel mit mehr als 30 Türmen, von denen der vielleicht markanteste, die Commerzbank, fast 300 Meter hoch ist, entstand nicht zufällig nach der Zerstörung der Altstadt seit den frühen 1950er Jahren im Westen der Stadt, an der Nahtstelle von mittelalterlicher Stadt und der Stadterweiterung des 19. Jahrhunderts. Die Turmdichte konzentriert sich, wenn man sie auf dem Stadtplan betrachtet, in einer geöffneten Scherenform, die sich im Winkel der Achsen Neue Mainzer Straße, Taunusanlage und Bockenheimer Landstraße ergibt.

Viele meinen, Frankfurter Hochhäuser seien die ›Erfindung‹ der aufstrebenden Bankenstadt der Nachkriegszeit; stilistisch knüpfen sie jedoch an die frühen Hochhauskonzepte vor dem Kriege an, so dass sie baugeschichtlich einen Bogen durch das 20. Jahrhundert spannen. Der Schock über den Zweiten Weltkrieg hinterließ jedoch im Betrachten der Entwicklung eine Zäsur zwischen ›Vorkriegs-‹ und ›Nachkriegsarchitektur‹, so dass die Genealogie zwischen den Wolkenkratzern der 1920er und 1930er Jahre und denen der 1950er Jahre nicht offensichtlich ist.

Altstadt-Umzingelung mit Türmen und Toren Der grüne Anlagenring, der den Verlauf von Stadtmauer und barocken Bastionen beschreibt, wurde nach dem Krieg gleichsam als halbrunder Ring um die Altstadt begriffen, der sich für eine regelrechte Umzingelung der kleinteiligen alten Strukturen mit klaren, glatten, hohen Türmen anbot, während sich die alten Ausfallstraßen, die sternförmig aus dem halbrunden Altstadtgebiet hinaus führten, als willkommene ›Achsen‹ anboten, die gleichermaßen mit den Symbolen der neuen Zeit flankierbar schienen. Tatsächlich sah der so genannte Fingerplan im Jahr 1969 ›Intensivstrukturen‹ entlang der radialen Ausfallstraßen vor: Gemeint sind damit Türme entlang von Mainzer Landstraße, Theodor-Heuss-Allee, Kettenhofweg, Bockenheimer Landstraße, Reuterweg, Escherheimer und Eckenheimer Landstraße.

In den 1950er Jahren dachten viele Architekten in Bildern von ›Toren‹ zur Altstadt: geraden Straßen, die, paarweise von Hochhäusern flankiert, als theatralische Inszenierung in die alte Stadt hinein führen sollten.

Bockenheimer Landstraße mit Westend-Duo und Opern-Turm

Dass diese ›Tore‹ nur im Modell aus der Vogelperspektive, doch selten von Fußgängern, als solche wahrgenommen werden können, sondern lediglich eine Ideologie gleichsam aus der omnipotenten Schöpferperspektive von oben abbilden, charakterisiert die damalige Haltung gegenüber allem Kleinen, Unregelmäßigen, zuweilen in die Jahre gekommenem Alten, welches der Idee der modernen Stadt der Zukunft allenfalls als historische Kulisse und Sinnbild für die überwundene Vergangenheit zu Diensten stehen solle.

Ein Beispiel für das städtebauliche Konzept ›Auftakt zur alten Stadt‹ gibt das 1964 als erstes Hochhaus am Mainufer gebaute Gebäude der Schweizer-National-Versicherung an der Nordseite der Untermainbrücke. Die Schweizer National markiert das südliche Ende des Bankenviertels, in das die Neue Mainzer Straße geradewegs von der Brücke aus hinein führt. Die Architekten Max Meid und Helmut Romeick beschrieben ihren 16-geschossigen Turm als ›Eingang zum Bankenviertel‹ und zu den Parks der Wallanlagen, der zugleich den Auftakt zu einem Zirkelschlag des zukünftigen Hochhausreigens rund um die Altstadt bilden sollte.

Markant an diesem 56 Meter hohen Turm sind die kupferspangrünen Stahlrahmen mit steiler vertikaler Wirkung, in die die Geschosse wie eingehängt erscheinen.

Die Vorhangfassade wurde 2006 saniert und erhielt eine neue Beleuchtung.

Handstreichartige Pläne der Umzingelung einer halbkreisförmigen Altstadt durch stolze Symbole einer neuen Ära waren in den 1950er Jahren nicht neu, sondern knüpfen an Vorstellungen der 1920er Jahre an; im Rückblick war es ein Glück für Frankfurt, dass diese Pläne mit einem dichten Hochhauskranz nie konsequent umgesetzt wurden. Denn wer hätte vor zwei bis drei Generationen bedacht, welche fatalen ökologischen Schäden eine dichte ›Wand‹ aus Hochhäusern allein schon für den Austausch der Frischluft für die Menschen am Fuße des Taunus gehabt hätte?

Ein weiteres Beispiel dafür, ähnlich wie bei einem Musik- oder Theaterstück in einem ›Auftakt‹ zu denken, ist das Bienenkorb-Haus auf dem Grundstück der ehemaligen Konstablerwache, das der Architekt Johannes Krahn 1954 realisierte. Das bis 2009 sanierte Gebäude wird in der damaligen Literatur als ein ›überdimensionaler Wächter‹ am Eingang der Kaufhausmeile Zeil beschrieben. Krahn war im übrigen gemeinsam mit Rudolf Schwarz seit 1946 maßgeblich am Aufbau der im Krieg ausgebrannten Paulskirche beteiligt: Es sind Krahns Kohlezeichnungen aus der frühen Planungsphase, die bereits die vielgelobte würdige Strenge des hohen Saales zeigen. Krahn beschäf-

Neue Mainzer Straße

Großmarkthalle Für das Neue Bauen in Frankfurt stehen Namen wie May, Poelzig, Taut, Gropius – und Martin Elsaesser, der mit seiner innovativen Markthalle 1928 neue Maßstäbe am Osthafen setzte.

I.G.-Farben-Hochhaus Hans Poelzig schuf 1930 die Zentrale für den damals größten Chemiekonzern Europas – jetzt Goethe-Universität.

Gewerkschaftshaus Als Max Taut 1931 das Gewerkschaftshaus baute, fiel sein gerastertes Hochhaus in dem von großbürgerlichen Villen beherrschten Bahnhofsviertel völlig aus dem Rahmen.

Neue Mainzer Straße Blick in Richtung Willy-Brandt-Platz: links der Eurotower der EZB, rechts die Commerzbank von Norman Foster, 1997 bis 2003 das höchste Gebäude Europas – mit Antenne 300 Meter hoch.

Großmarkthalle, 1928

I.G.-Farben-Hochhaus, 1930

Gewerkschaftshaus, 1931

tigte sich damals mit der zeitgenössischen Architektur in den USA. Sein Bienenkorb-Haus zeigt als erstes Hochhaus in Frankfurt eine Fassadengliederung, die erkennbar aus Amerika übernommen ist und sich ausdrücklich auf das Lever Building in New York von Skidmore, Owings and Merrill bezieht. Das gleiche Büro baute im übrigen das amerikanische Konsulat in der Siesmayerstraße.

Über Jahre hinweg faszinierte die Idee eines aus Hochhäusern gebildeten Tores zur Innenstadt viele Architekten und Stadtplaner; wörtlich genommen hat die Tor-Metapher Oswald Mathias Ungers mit seinem 1985 fertiggestellten Messe-Torhaus , wenngleich es viele Frankfurter weniger als Tor denn als ›Toaster‹ bezeichnen. Denn markant ist an diesem Turm der Materialwechsel von Sandstein und Glas, der mit der Gestalt von ineinander geschobenen Kuben spielt.

Gläserne Raster – neue Symbole für Erfolg

Amerika war das große Vorbild, auf das viele Achitekten seit den 1920er Jahren schauten; denn dort waren jene Hochhauskonzepte Realität geworden – durch europäische Architekten wie Le Corbusier oder Mies van der Rohe geprägt –, die sich als ›International Style‹ stilbildend für das moderne Bauen in Frankfurt erwiesen. Besonders in Frankfurt, einer an vielen Stellen noch lange von Trümmergrundstücken stigmatisierten, oft nur behelfsmäßig geflickten kriegszerstörten Stadt verkörperten ›sauber‹ gerasterte, verglaste, neue Türme die Hoffnung auf eine kalkulierbare, moralisch wie praktisch saubere Zivilisation, in der zumindest das Arbeitsleben effizient funktionieren sollte. Welche Architekturgattung kann konsequenter als gläserne Hochhäuser den Geist einer sich gerade wie Phönix aus der Asche erhebenden Finanzmetropole widerspiegeln? Die frühen Türme der 1950er Jahre lehnen sich dabei in ihrer Fassadengliederung noch stark an die ersten hohen Häuser Frankfurts an, die bereits vor dem Krieg gebaut worden und erhalten geblieben waren.

Poelzig und Elsaesser prägten das Neue Bauen

Als Hochhaus gilt ein Gebäude zwar erst ab einer Höhe von 80 Metern, doch in einer Fachwerkstadt mit nur wenigen Kirchtürmen sprengen schon halb so hohe Häuser die gewohnten Maßstäbe. Das erste hohe Haus in Frankfurt war keine Verwaltungszentrale einer Bank, sondern ein notwendig gewordener Funktionsbau im Auftrag der Stadtverwaltung, der mittlerweile als Ikone der klassischen Moderne gilt: die avantgardistische Großmarkthalle am Osthafen, die 1928 in expressionistischer Formensprache fertig gestellt und von dem vormaligen Direktor der Kunstgewerbeschule in Köln Martin Elsaesser, nun

Dresdner Bank Am Jürgen-Ponto-Platz 1 erhebt sich der rund 167 Meter hohe ›Silver Tower‹, den Beckert, Becker+Partner Scheid 1972 bis 1978 mit einer vorgehängten Alu-Glas-Fassade bauten.

Japan-Center Dieses 115 Meter hohe Bürogebäude am Taunustor 2–4 entwarfen Ganz+Rolfes für die Firma Jowa-Kosan. Der Turm mit öffentlicher Kantine im Obergeschoss entstand ab 1994.

Schweizer National Als Auftakt zur Stadt gestalteten die Architekten Meid und Romeick an der Neuen Mainzer Straße 1 das erste Hochhaus der Mainsilhouette – mit 56 Metern Höhe ein eleganter Zwerg unter Riesen.

Messe-Torhaus Das 116 Meter hohe Torhaus, auch Messehaus 9 genannt, baute Oswald Mathias Ungers ab 1983 für die Messe Frankfurt.

Eurotower Frankfurt am Main ist Sitz der EZB, der Europäischen Zentralbank, die bis 2011 noch im Eurotower am Willy-Brandt-Platz residieren und dann in die umgebaute Großmarkthalle am Osthafen umziehen will.

Dresdner Bank, 1978

Japan-Center, 1996

Schweizer National, 1964

Messe-Torhaus, 1985

Baudirektor in Frankfurt, entworfen wurde. Elsaessers Vorgesetzter als Dezernatsleiter war Ernst May. Im Vergleich mit dem fast 300 Meter hohen Turm der Commerzbank von Lord Foster erscheint Elsaessers 200 Meter lange, stützenlose Halle aus Beton, die von zwei 46 Meter hohen Türmen aus Backstein flankiert wird, nicht besonders hoch. Die Europäische Zentralbank (EZB), die noch im Eurotower, dem 1977 erbauten ehemaligen BfG-Hochhaus am Willy-Brandt-Platz residiert, plant seit 2005 die Umgestaltung der Großmarkthalle als europäische Zentrale. Im Jahr 2011 will sie den Eurotower räumen und in ihren neuen Sitz im Ostend umziehen.

Während Elsaesser die Großmarkthalle baute, plante Hans Poelzig am Grüneburgpark im Westend das I.G.-Farben-Hochhaus, das nach nur 22-monatiger Bauzeit im Jahr 1930 bezugsbereit war. Heute wird das gesamte Anwesen von der Goethe-Universität genutzt und durch Institutsneubauten erweitert. Der Auftraggeber von Poelzig war der damals mächtigste Chemiekonzern von Europa, die I.G.-Farben. Poelzigs siebengeschossige, aus sechs 38 Meter hohen Riegeln bestehende Konzernzentrale mag gegenüber heutigen Türmen vergleichsweise niedrig wirken; allein die Vogelperspektive auf die Stadt verdeutlicht, dass dieser 250 Meter lange Travertinbau, der mit seinen fünf Flügeln wie ein barocke Anlage auf den nördlichen Rand der Innenstadt ausgerichtet ist, gänzlich neue Dimensionen in Frankfurt einführte.

Nur kurz nach diesen beiden Großprojekten von Poelzig und Elsaesser wurde 1931 das mit neun Stockwerken auf 31 Metern Höhe vergleichsweise kleine Gewerkschaftshaus von Max Taut und Franz Hoffmann fertig gestellt. Tauts gerasterter Stahlskelettbau im damals noch von großbürgerlichen Villen geprägten Bahnhofsviertel nimmt vor dem Zweiten Weltkrieg das Rastersystem von Glas zwischen Betonbändern vorweg, das später die ersten Hochhäuser nach dem Krieg beeinflussen sollte.

Weiterführung der 1920er in den 1950er Jahren Nach 1945 war die Stadt vor allem darum bemüht, dringend benötigte, bezahlbare Wohnungen zu schaffen. Zugleich versuchte man nach Kräften, die Wahrzeichen der Stadt, die alten Kirchen, die Paulskirche und das Goethe-Haus, irgendwie wieder herzustellen. Städtebaulich ging es darum, kriegsbedingte Lücken zu schließen. Eine dieser qualitätvollen, gelungenen Beispiele für die Lückenschließungen ist das Juniorhaus von Wilhelm Berentzen am Kaiserplatz von 1951 – es ist zwar kein Hochhaus im strengen Sinne, jedoch mit seiner gerasterten Fassade ganz im Sinne des modernen Bauens. Damals von der Fachpresse vielbeachtet, wirkte es stilbildend. Nur wenige

Eurotower, von der Commerzbank gesehen, 1977

Monate später entstand 1952 das von Stefan Blattner entworfene Bayer-Haus am Eschenheimer Turm, das mit seinem scheinbar schwebenden Segeldach, nach dem Vorbild von Erich Mendelsohns Berliner Columbushaus von 1931, bis heute nichts von seiner Eleganz eingebüßt hat. Nach einer aufwendigen Sanierung, bei der das Treppenhaus in der Formensprache der frühen Aufbauzeit als Herzstück des Foyers erhalten werden konnte, wird das Bauwerk als Hotel betrieben. Von der Bar im Dachgeschoss bietet sich ein Blick auf die Umgebung mit dem Eschenheimer Turm und dem neuen ›Palais Quartier‹. Eine ähnliche Eleganz und Zartheit der Fünfziger Jahre besitzt das Wohn- und Geschäftshaus von Otto Apel an der Berliner Straße 25, das 1955 fertiggestellt wurde.

Gleichsam eine Ikone der frühen Hochhäuser war das 68 Meter hohe Zürich-Haus von Werner Stücheli und Udo von Schauroth, das 1957 direkt neben der Ruine der Alten Oper begonnen wurde. Das mit 19 Stockwerken damals auffällig hohe Zürich-Haus wurde heftig kritisiert, weil es die Maßstäblichkeit der bis dahin für den Opernplatz vorgeschriebenen viergeschossigen Bebauung gänzlich sprengte und als erstes Hochhaus an der Bockenheimer Landstraße den Auftakt zu noch größeren Bauten bildete. Diese Eigenschaft jedoch trug dazu bei, dass es unter Denkmalschutz gestellt wurde. 2002 wurde es abgerissen, um dem jetzigen, unvergleichlich größeren ›OpernTurm‹ von Christoph Mäckler Platz zu machen, der 2009 mit 170 Metern Höhe fertig gestellt wurde.

Als unmittelbarer Nachbar des Zürich-Hauses entstand keine vier Jahre später auf der Bockenheimer Landstraße die mittlerweile unter Denkmalschutz stehende BHF-Bank mit 23 Stockwerken auf 82 Metern Höhe. Der Architekt des bis 1966 errichteten Gebäudekomplexes war Sep Ruf, der zwei Jahre zuvor den Kanzlerbungalow in Bonn für Ludwig Erhard entworfen hatte. Rufs damals höchstem Bürogebäude Frankfurts folgten innerhalb weniger Jahre weitere Hochhäuser, etwa Egon Eiermanns zwei kelchförmige Olivetti-Türme (bis 1972) in der ab 1963 zur Entlastung der City entstandenen Bürostadt Niederrad oder die HeLaBa, die Hessische Landesbank von Fritz Novotny, Arthur Mähner und Dejan Marinkovic (bis 1976), das City-Haus am Platz der Republik von Johannes Krahn und Richard Heil (bis 1976) und gleichzeitig das BfG-Hochhaus der Gewerkschaftsbank, ebenfalls von Richard Heil (bis 1977).

Eingängige Namen für Hochhäuser Auf die unerwartete Geschwindigkeit der Anzahl und Höhe der Hochhausbauten in den ersten Jahrzehnten nach dem Zweiten Weltkrieg reagierte die Stadt, indem sie mit Stadtplanern

Deutsche Bank, 1984

Deutsche Bank ›Soll und Haben‹ nennt der Volksmund die gläsernen Zwillingstürme der Deutschen Bank in der Taunusanlage 12. Jeder Turm ist 155 Meter hoch, gebaut von Walter Hanig, Heinz Scheid, Johannes Schmidt im Büro ABB, ab 1979.

Bürohaus Westendstraße 1 Der 208 Meter hohe Turm an der Mainzer Landstraße 1 wurde ab 1990 von Kohn, Pedersen + Fox, Nägele, Hofmann, Tiedemann gebaut. Programmatisch ist das Zitieren des Strahlenkranzes der New Yorker Freiheitsstatue.

Skyper Das rund 154 Meter hohe Bürogebäude an der Taunusstraße 1 bauten JSK Architekten ab 2002 für die Immobilienfirma DEKA.

Westend-Duo Der 96 Meter hohe Turm an der Bockenheimer Landstraße, entworfen von KSP, ersetzt seit 2006 das alte Hochtief-Gebäude von Egon Eiermann aus den 1960er Jahren.

Opern-Turm Eine 18 Meter hohe Lobby erschließt den 170 Meter hohen Turm, den Christoph Mäckler bis 2009 neben der Alten Oper für das US-amerikanische Unternehmen Tishman Speyer baute.

Bürohaus Westendstraße 1, 1993　　Skyper, 2004　　Westend-Duo　　Opern-Turm, 2009

und Architekten gemeinsam Regeln und Beschränkungen erarbeitete. Längst haben sich die Hochhäuser selbst in ihrer Anordnung zueinander, in ihrer Gestalt und Fernwirkung zu neuen Wahrzeichen der Stadt gemausert. Wer sich bei so vielen Türmen mit seinem eigenen Neubau noch irgendwie abheben will, sucht markante Unterscheidungsmerkmale in der äußeren Gestalt – verbunden mit eingängigen, gut kommunizierbaren Phantasienamen, die mit bildungsbürgerlichem Impetus an antike Mythologie erinnern sollen: So tragen die Wolkenkratzer seit den 1980er Jahren Namen wie Poseidon-Haus (1986), Triton-Haus (1987), Atricom-Hochhaus (1990), Trianon-Hochhaus (1993), Kastor und Pollux (1997), Main Tower (1999) oder Eurotheum (1999).

Frankfurts Hochhäuser und die Geschichte der Börse hängen untrennbar miteinander zusammen. Bürgerliche Bankiers wie Oppenheim, Bethmann, Metzler und vor allem das einflussreiche Frankfurter Bankhaus Rothschild, Finanzier der europäischen Fürstenhäuser, förderten die Handelsstadt seit dem 19. Jahrhundert. Neben London stieg Frankfurt zum wichtigsten Umschlagplatz für Wertpapiere und Aktien auf, viele Bürger wurden wohlhabend: Im Unabhängigkeitskrieg zwischen den Nord- und Südstaaten Amerikas hatten viele die Nordstaaten unterstützt und in Frankfurt entsprechende Wertpapiere gekauft.

Der rasche Erfolg der Börse führte dazu, dass das alte Gebäude am Paulsplatz zu klein wurde und die Architekten Heinrich Burnitz und Oskar Sommer die 1879 eingeweihte Neue Börse bauten. Das Parkett zog allerdings im Jahr 2000 wiederum in einen Neubau am Industriehof um, so dass die Neue Börse von 1879 mittlerweile die Alte Börse ist, vor der jedoch nach wie vor die bronzenen Symbole Bulle und Bär stehen. Die Bankiersfamilien hinterließen ihrer Stadt mehr als nur Bankhäuser: Sie überließen dem Gemeinwesen Villen mit Kunstsammlungen und stifteten Einrichtungen wie Krankenhäuser und Forschungsinstitute, Parkanlagen und die Universität.

Ein Satellitenblick auf Frankfurt in Google Earth zeigt beeindruckend die enorm langen Schatten, welche die Hochhäuser werfen, während die Gebäude selbst von oben nur winzige Punkte bilden. Selbst die Türme vergangener Jahrhunderte, wie der so genannte Domturm, werden von den Türmen der Banken im wörtlichen Sinne in den Schatten gestellt. Nimm Frankfurt die Hochhäuser weg – was bleibt? Die im Krieg zerstörte alte Stadt hinterließ nur wenige bildtaugliche Wahrzeichen, jedoch große, gut funktionierende Siedlungen. Die Hochhäuser, man mag sie mögen oder nicht, sind längst identitätsstiftend für die Stadt geworden. Sie konzentrieren sich an wenigen Stellen und lassen genug Raum für eine grüne Stadt.

Villa Metzler Der jüngere Teil Sachsenhausens entwickelte sich als Villenviertel im 19. Jahrhundert – davon gehören einige heute zum Museumsufer mit 13 Museen. Die klassizistische Villa von 1804 ließ sich der Bankier Georg Friedrich Metzler ab 1862 umbauen. Seit 1967 Museum, wurde die Villa 1987 mit einem Anbau von Richard Meyer zum Museum für Angewandte Kunst erweitert.

Dreikönigskirche Dombaumeister Franz Joseph von Denzinger vollendete nicht nur den Domturm, sondern baute 1875 bis 1880 am gegenüber liegenden Mainufer die Dreikönigskirche neu – als dreischiffige, neugotische Halle mit Westturm. Das Haus auf der Ecke ist ein alter Fachwerkbau, der so verkleidet wurde, dass er als Steinhaus erscheint.

Blick nach Sachsenhausen Altes und neues Sachsenhausen unterscheiden sich im Stadtbild. Am Mainufer die Dreikönigskirche, dahinter Deutschorden, jenseits davon das kleinteilige Alt-Sachsenhausen. Als Karl Lieser 1961 am Waldrand den Henninger-Turm als Getreidesilo baute, übertraf er als erstes Gebäude die Höhe des Domturms. Der Henninger-Turm am Hainerweg 60–64 war das höchste Brauerei-Silo der Welt; seit 2002 wartet er auf eine Neunutzung.

Sachsenhausen

Villa Metzler, 1804, 1862, 2009 restauriert

Dreikönigskirche, 1880

Hochhäuser und Fachwerk Frankfurt ist eine kleine Stadt mit großen Kontrasten: auf der einen (Main-)Seite Bankentürme, auf der anderen Fachwerkhäuser. Vor allem Alt-Sachsenhausen galt bei Frankfurtgästen jahrzehntelang als Synonym für das typische, echte, alte Frankfurt. Zu dieser Vorstellung gehören rustikale, gesellige Ebbelwoi-Kneipen und Brauereien in verwinkelten Fachwerkgässchen. Tatsächlich haben in Sachsenhausen, im Unterschied zum Römerberg, viele Fachwerkhäuser nicht nur die Kriege überstanden, sondern aus Geldmangel auch eine flächendeckende Sanierung. Dadurch steckt hinter vielen verblendeten Fassaden oft noch barocke Bausubstanz, zuweilen sogar gotische – ganz abgesehen davon, dass bis heute bei Hauseinstürzen oder Abrissen baugeschichtlich aufregende Befunde zutage treten, etwa vor einiger Zeit ein romanischer Wohnturm.

Es ist nicht ungewöhnlich, dass nur durch Zufall beim Ausbau der Walter-Kolb-Straße das älteste existierende Fachwerkhaus Frankfurts entdeckt wurde, das Haus in der Schellgasse 8 – um 1292 als Ständerkonstruktion errichtet. Seit der Sanierung wird es vom Verein ›Freunde Frankfurts, Verein zur Pflege der Frankfurter Tradition e.V.‹ genutzt, der 1966 aus dem ›Bund tätiger Altstadtfreunde e.V.‹ hervorging. Wer also auf altem Frankfurter Stadtgebiet nach Fachwerk sucht, ist in Sachsenhausen richtig.

Dennoch braucht man ein gutes Vorstellungsvermögen und einen sprichwörtlichen Röntgenblick, um hinter maroden Fassaden historische Schichten zu erkennen.

Revitalisierung von Alt-Sachsenhausen? Wer heute durch Alt-Sachsenhausen spaziert, sieht in der Kleinen und Großen Rittergasse oder in der Klappergasse das städtebauliche, soziale und denkmalpflegerische Dilemma, für das es keine Patentlösung gibt. Denn Sachsenhausen lebte seit den 1950er Jahren gut von den in Frankfurt stationierten amerikanischen Militärangehörigen, ihren Familien und Gästen, die in den Ebbelwoi-Kneipen ein Stück altes Frankfurt fanden. Immerhin diente das weiträumig abgesperrte, ehemalige I.G.-Farben-Hochhaus im Westend als europäisches Hauptquartier der US-Amerikaner. Nach wie vor gehen viele Frankfurter aller Generationen gern in die alteingesessenen, unverwechselbaren Sachsenhäuser Ebbelwoi-Kneipen, die oft seit Generationen als Familienbetriebe geführt werden. Hier gibt es das ›Stöffche‹, den herben, aus Äpfeln gekelterten Wein, der in Bembeln ausgeschenkt wird, dazu Brezeln, ›Grie Soß‹ und gegrillte Leiterchen.

Die alten Wirtshäuser sind wie eh und je gut besucht. Doch bei vielen Restaurants und Lokalen in Alt-Sachsenhausen, die sich einseitig auf den Tourismus verlassen

Blick nach Sachsenhausen von der Commerzbank, rechts am Ufer das Museum für Angewandte Kunst

hatten, brach mit dem schrittweisen Abzug der Besatzungstruppen der Umsatz ein. Die Folge: Konkurse, Spekulation, Leerstand, Verfall der Häuser. Wer heute tagsüber durch die erwähnten Sachsenhäuser Altstadtgassen spaziert, sieht bei den meisten alten Gebäuden die dramatischen Bauschäden und den Sanierungsstau von Jahrzehnten. Das Dilemma besteht hier, wie so oft, in einer denkmalgerechten Nutzung der verschachtelten, dicht beieinander stehenden alten Häuschen mit winzigen Räumen und kleinen Fenstern; die Parzellen sind zu klein für eine profitable Geschäftsnutzung, die auf Zulieferer, Parkplätze und Lagerflächen angewiesen ist. Das Leben spielt sich in lauen Sommernächten auf der Straße ab – doch wer will über solchen Kneipen schlafen? Erschwerend kommt hinzu, dass Eigentümer oft den Wert ihrer sanierungsfälligen Häuschen überschätzen und sie lieber leerstehen lassen, als dass sie in unkalkulierbare, neue Nutzungskonzepte investieren.

Trotz dieser offenkundigen Sorgen, die Alt-Sachsenhausen mit anderen Altstädten in ganz Westeuropa teilt, die jahrelang gut von in- und ausländischen Gästen lebten, gibt es viele gelungene Restaurierungen, nicht zuletzt mit Unterstützung der Stadt, die sich seit Jahren um eine Revitalisierung des alten Viertels bemüht. Alt-Sachsenhausen besitzt noch alle alten Brunnen, die von der Stadt und mit Hilfe privater Spender und Stifter wiederhergestellt werden.

Der Kuhhirtenturm und Paul Hindemith Hinter der Jugendherberge am Mainufer erinnert der um 1490 erbaute Kuhhirtenturm als letzter erhaltener Wehrturm daran, dass Sachsenhausen eine eigene, spätgotische Stadtbefestigung besaß. Lange gehörte der Turm in der Großen Rittergasse 118 zur Jugendherberge, doch 2009 wurde eine neue Nutzung für ihn gefunden, die ihn stärker in das öffentliche Interesse stellt: Im Kuhhirtenturm wohnten in der Regel, wie in allen funktionslos gewordenen Stadttürmen, ärmere Menschen zu einer niedrigen Miete. Doch 1923 zog der 1895 in Hanau geborene, erfolgreiche Komponist Paul Hindemith mit Schwester und Mutter in den Kuhhirtenturm. Nachdem Hindemith seinen Flügel mit einem Kran in das Dachgeschoss hatte hieven lassen, steckte er viel Geld, Zeit und Liebe in die Wiederherstellung und Erhaltung des sanierungsfälligen Turmes und sorgte letztlich für dessen Rettung. Die Paul-Hindemith-Gesellschaft will nun den Turm im Gedenken an den berühmten Komponisten für Konzerte und Kabinettausstellungen wieder beleben. Generell gilt, dass die Zukunft Alt-Sachsenhausens in kulturellen Aufwertungen wie dieser liegt, die den empfindlichen Baudenkmalen

Frankfurts ältestes Haus Als ältestes Fachwerkhaus Frankfurts gilt der dendrochronologisch auf ›um 1292‹ datierte Ständerbau in der Schellgasse 8, heute etwas versteckt durch die stark befahrene Walter-Kolb-Straße.

Kuhhirtenturm Der letzte erhaltene Wehrturm erinnert in Ufernähe daran, dass Sachsenhausen als südlicher Stadtteil Frankfurts gleichermaßen mit einer Stadtmauer gesichert war.

Deutschordenskirche Das Deutschordenshaus beherbergt seit 1990 das Ikonenmuseum, das zum MAK gehört. Das barocke Kirchenportal wurde bis 1715 von dem Frankfurter Baumeister Daniel Kayser vor das bis heute dahinter erhaltene ältere, gotische Portal gebaut.

Grüne-Soße-Felder Die ›Grie Soß‹ wächst am Rande von Sachsenhausen und in Oberrad. Dort gibt es im übrigen eine Gärtnersiedlung mit dazu gehörigen Gewächshäusern, die Ernst May baute, die Siedlung ›Im Teller‹.

Ebbelwoi-Lokal Das ›Feuerrädchen‹ in der Textorstraße ist eines der ortstypischen Lokale, von denen Alt-Sachsenhausen eine besonders hohe Dichte aufweist.

Frankfurts ältestes Haus, um 1292

Kuhhirtenturm, um 1490

Deutschordenskirche, 1709

Grüne-Soße-Felder

gleichermaßen ein interessiertes Publikum wie eine öffentliche Aufmerksamkeit einbringen.

Kontrastreiches Sachsenhausen Die beschriebene kleinteilige Struktur von Alt-Sachsenhausen unterscheidet sich stark von den jüngeren Quartieren, die sich im 19. Jahrhundert entlang der Schweizer Straße und am Mainufer zu großbürgerlichen Wohngegenden mit charmanten Gärten entwickelten.

Sachsenhausen gehörte seit dem Mittelalter immer zu Frankfurt und war das Stadtviertel ›dribb de Bach‹, ›drüben‹, auf der anderen Seite des Flusses. Wohlhabende Patrizier wohnten um den Römer herum, während sich am Alt-Sachsenhäuser Ufer Fischer und solche Gewerbe ansiedelten, die größere Flächen und viel Wasser brauchten und die zuweilen mit starker Geruchsbildung verbunden waren. Man denke etwa an Färber oder Gerber, die zum Gerben der Lederhäute eingesammelten Urin brauchten. Dort, wo im frühen Mittelalter wenige Ministerialen in Wohntürmen über größere Anwesen verfügen konnten, verdichtete sich allmählich ein kleinbürgerliches Handwerker-, Gärtner- und Fischerviertel.

Bis zum Bau des Eisernen Stegs im Jahr 1868, den die Frankfurter Bürger selbst finanzierten, bildete die im Jahr 1222 zum ersten Mal erwähnte Alte Brücke jahrhundertelang die einzige Verbindung zwischen beiden Ufern. Da die Alte Brücke jedoch abends geschlossen wurde, gab es nachts keine Möglichkeit mehr, den Main zu überqueren – außer mit der Fähre, dem Boot oder zu Fuß durch den Fluss, eben so, wie es auf alten Stadtansichten wiedergegeben ist. Immerhin war der Main bei Frankfurt bis zur Ausbaggerung und Kaibefestigung unter der preußischen Regierung seit 1866 ein seichtes Gewässer, durch das man an einigen Stellen gefahrlos waten konnte. Wo sich allerdings genau die Furt, oder die Furten, befanden, denen Frankfurt sein Entstehen verdankt, lässt sich heute nicht mehr feststellen, weil der Main seit dem 19. Jahrhundert mehrfach ausgebaggert wurde. Manche nehmen an, dass eine Furt in Höhe des erwähnten Sachsenhäuser Kuhhirtentors von den Mainauen bis in Höhe der Fahrgasse verlief – worauf auch der Gassenname hindeutet, der sich von ›Fährengasse‹ ableitet. Mit Sicherheit dürfte die Furt nicht über eine der Maininseln geführt haben, da sich ja gerade um Inseln herum Strömungen entwickeln, die für eine Überquerung hinderlich sind.

Abgesehen von den Fischern, Bauern und Handwerkern bauten viele Sachsenhäuser bis ins 19. Jahrhundert hinein Wein an. Die gefürchtete Reblaus beendete auch hier um 1860 den Weinbau und verstärkte den Obstanbau: Indem man Äpfel statt Trauben kelterte, entstand das

Stadterweiterungen seit dem 19. Jahrhundert

Mumm, Miquel und Adickes schaffen Strukturen für die Großstadt Seit dem 19. Jahrhundert wächst Frankfurt so schnell wie nie zuvor in die Fläche hinein, weil die Stadt sich – vor allem nach dem Gründerboom, der mit der Reichsgründung 1871 einherging – zu einem Verkehrsknotenpunkt mit Hafen und Bahnhof entwickelt und dadurch zum interessanten Industriestandort wird. In weniger als 20 Jahren verdoppelt sich die Bevölkerungszahl der kleinen Stadt auf annähernd 160 000 Einwohner.

Im Juli 1866 wird Frankfurt von Preußen besetzt. In den folgenden fünf Jahrzehnten prägen drei (Ober-)Bürgermeister die Stadtentwicklung: Mumm, Miquel und Adickes.

Frankfurts erster preußischer Bürgermeister, Senator Dr. Daniel Heinrich Mumm, später Mumm von Schwarzenstein, regiert zwölf Jahre, von 1868 bis 1880. In seiner Amtszeit führt die Stadt wichtige Baumaßnahmen durch: die Unter- und Obermainbrücke, die städtische Kanalisation, die Quellwasserleitung aus dem Spessart, die Markthalle, das Opernhaus, die Durchbrüche der Kaiser-, der Friedensstraße und der neuen Zeil. Mit Bornheim wird 1877 der erste Vorort eingemeindet. Überdies finanzieren Bürger in jener Zeit den Eisernen Steg (1868), den Zoologischen Garten (1858) und den Palmengarten (1869).

Frankfurts zweiter preußischer Bürgermeister, nunmehr Oberbürgermeister, Dr. Johannes von Miquel, regiert die nächsten zehn Jahre, von 1880 bis 1890, die von Sparpolitik und zugleich von einer kommunalen Bautätigkeit geprägt sind. Unter Miquel entstehen: der Schlacht- und Viehhof, die erste Kläranlage Deutschlands, die Kanalisierung des Mains und der Westhafen mit Lagerhäusern – damit sorgt Miquel für den Anschluss Frankfurts an die Rheinschifffahrt. Zugleich baut der preußische Staat den Zentralbahnhof, 25 Jahre lang der größte Bahnhof Kontinentaleuropas, den Justizpalast, das Polizeipräsidium und die heute noch bestehende Gutleutkaserne.

Nachfolger von Miquel wird Dr. Franz Adickes, in dessen 22-jähriger Amtszeit zwischen 1890 und 1912 viele Grundlagen für das moderne Frankfurt geschaffen werden, denn Adickes hat das Werden der Großstadt im Blick. Dafür erlässt er eine neue Bauordnung und fördert die Gründung gemeinnütziger Wohnungsbaugesellschaften, während er eine systematische Eingemeindungspolitik verfolgt. Parallel dazu sorgt er für Grün- und Erholungsflächen, für den Ausbau der öffentlichen Verkehrsmittel und für einen Generalbebauungsplan für den Frankfurter Osten mit dem neuen, 1912 eingeweihten Osthafen. Zugleich baut Adickes das Bildungswesen aus und gründet mit Hilfe vieler Stifter und dem Unternehmer Wilhelm Merton am 28. September 1912 die Universität.

Von Napoleon bis zu den Preußen Dieser Entwicklung hin zur Großstadt ging voraus, dass Frankfurt im frühen 19. Jahrhundert seinen Festungsgürtel abstreifte. Europa wurde neu geordnet: Der letzte Kaiser des Heiligen Römischen Reiches Deutscher Nation, Franz II., war 1792 noch im Frankfurter Dom gekrönt worden; am 6. August 1806 legte er die Kaiserwürde nieder und beendete damit das Alte Reich. Napoleon I. setzte einen Fürst-Primas ein, der Frankfurt zu seiner Residenz wählte. Dieser für Frankfurts Stadtbild so wichtige Karl Theodor von Dalberg regierte im Sinne der Stadt und förderte die erwähnte Demolierung der mehr als 400 Jahre alten, nunmehr überflüssig gewordenen Stadtbefestigung innerhalb von nur wenigen Jahren, zwischen 1806 und 1813.

Unter Dalberg arbeitete der Stadtbaurat Johann Georg Christian Hess ein Baustatut aus, nach dem sich die alte Stadt entlang der Ausfallstraßen ausbreiten konnte. Hess gestaltete die Fachwerkstadt außerdem an ihren Rändern ganz im Sinne der Zeit als eine weiße, eine klassizistische Stadt. Die Erschließung des Umlands entlang der alten Landstraßen, die durch die Tore und Warten führen, erfolgte dabei in zwei Phasen: Zunächst wuchs konzentrisch um die alte Kernstadt herum ein Gürtel aus neuen Stadtvierteln; dann wurde die Stadt ab 1877 noch einmal erweitert, indem seit der Amtszeit von Bürgermeister Mumm mehrere Vororte eingemeindet wurden. Erst im 20. Jahrhundert sollte Frankfurt nach Jahrhunderten nicht mehr konzentrisch wachsen, sondern sich unter Oberbürgermeister Ludwig Landmann von außen nach innen verdichten, indem die eingemeindeten Ortschaften an neue Siedlungen angebunden wurden.

Nachdem Napoleon I. besiegt war, wurde Frankfurt fünf Jahrzehnte lang wirklich eine Freie Stadt: Als Hauptstadt des Deutschen Bundes wurde hier am 5. November 1816 im Palais Thurn und Taxis der erste Deutsche Bundestag eröffnet. Die Verfassung garantierte die Gleichberechtigung der Geschlechter und der Konfessionen. Das Palais wurde 1943/44 stark beschädigt, 1951 abgerissen und 2009 in Teilen verändert nachgebaut.

In den 1840er Jahren kämpften Studenten und progressive Kreise in der christlich-jüdisch geprägten Bürgerstadt Frankfurt für Pressefreiheit, Menschenrechte und eine demokratische Verfassung; unter dem Vorsitz von Heinrich von Gagern versammelten sie sich 1848 in der Paulskirche zur Nationalversammlung, dem ersten demokratisch gewählten Parlament. König Friedrich Wilhelm IV. von Preußen lehnte jedoch im April 1849 die ihm vom Paulskirchenparlament angetragene Kaiserkrone ab, womit der Monarch alle Hoffnungen auf ein geeintes Deutschland enttäuschte.

Hauptbahnhof Als neuer Zentralbahnhof 1883 in der Formensprache der Neurenaissance begonnen, war die dreischiffige Bahnhofshalle mit 18 Gleisen bei der Eröffnung 1888 die größte Eisenbahnstation des Kontinents. Auf dem Dach trägt Atlas die Weltkugel, der Skulpturenschmuck zeigt zuweilen humorvoll charakterisierte Reisende.

Stellwerk Die Ästhetik von Funktionsgebäuden wie das ehemalige Zentralstellwerk auf dem Gleisvorfeld des Hauptbahnhofes wird oft übersehen. Auch dieses Stellwerk ist keine Zufallsarchitektur, sondern löst die Bauaufgabe nicht nur funktional, sondern auch gestalterisch anspruchsvoll.

Einfahrt in den Hauptbahnhof Der Frankfurter Hauptbahnhof wurde 1888 als Sackbahnhof gebaut. Deshalb braucht jeder hier einfahrende Zug Zeit zum Wechsel der Fahrtrichtung. An die drei Hauptschiffe schließen beiderseits niedrigere Seitenschiffe von 1912 an, um insgesamt 24 Gleise zu überdachen.

Hauptbahnhof, Bahnhofsviertel und Messegelände

Hauptbahnhof, 1883–1888

Stellwerk

Der Hauptbahnhof Unter den Bahnhofsvierteln deutscher Großstädte, in denen die halblegale Unterwelt dazu beitrug, dass man weder seine Kinder noch seine Gäste dorthin führte, nahm das Frankfurter Bahnhofsviertel nach dem Zweiten Weltkrieg lange einen Spitzenplatz ein. Dieser Ruf hat sich mittlerweile vollkommen verändert: Mitten ›in der Szene‹ zu wohnen, ist längst kein Geheimtipp mehr. Wer auf den Straßen des Bahnhofsviertels nach oben schaut, versteht auch den Grund: Prachtvolle Gründerzeitfassaden deuten auf großzügige Wohnungen hin. Immerhin wurde die Kaiserstraße, gedanklich die Verlängerung der Zeil nach Westen, in wilhelminischer Zeit als Prachtmeile konzipiert, die geradewegs auf den neuen Palast der Industriezeit zulief, auf den 1883 begonnenen Zentralbahnhof.

Initiator war der preußische Staat, der damit die bestehenden sieben Bahnlinien zusammenlegte, die bis dahin in Frankfurt auf immerhin drei Bahnhofsgruppen verteilt waren. Dieser bis heute bestehende Hauptbahnhof wurde zwischen 1883 und 1888 etwa 600 Meter weiter westlich der alten Westbahnhöfe als Kopfbahnhof gebaut.

Das Bahnhofsviertel ist eine der großen Leistungen des wilhelminischen Städtebaus in Hessen; es entstand als jüngstes Viertel der die Innenstadt umfassenden Vorstädte in zwei Phasen planvoller Urbanisierung: Seit Anfang des 17. Jahrhunderts hatte sich außerhalb der alten Stadt am Mainufer und an der Mainzer Landstraße eine lockere Bebauung mit Landhäusern entwickelt. Vor dem ehemaligen Gallustor waren 1839 drei Kopfbahnhöfe gebaut worden, deren Gleise sich von Westen bis an die mittlerweile einplanierten Wälle der Stadt schoben. Jede Bahnlinie besaß ihren eigenen Bahnhof – was das Reisen und den Gütertransport umständlich, zeitaufwendig und teuer machte.

Eine Folge jener frühen Bahnhofprojekte bestand darin, dass die vielen kleinen Gärten am Mainufer verschwanden, ein neues Straßenraster geschaffen wurde und die Grundstücke für Wohnbauten freigegeben wurden. So entstand bis 1913 auf regelmäßigem Straßennetz eine meist fünfgeschossige Bebauung; entlang der Kaiserstraße, dem Prachtboulevard, etablierte sich ein elegantes Geschäftsviertel mit aufwendigen, repräsentativen Gebäuden aus Stein. Zwischen Roßmarkt und Neue Mainzer Straße wurde der Kaiserplatz als einer der großartigsten Plätze im gründerzeitlichen Frankfurt angelegt. Finanziert wurde er durch ein Konsortium von Frankfurter Bankiers.

Die Messe verdankt sich Ludwig Landmann Im ausgehenden 19. und frühen 20. Jahrhundert gab es in Frankfurt viele weitsichtige Privatleute, Unternehmer und

Einfahrt in den Hauptbahnhof

Kommunalpolitiker wie diese, die zu einer Zeit, als der Zug-, Auto- und schließlich der Flugverkehr noch in den Kinderschuhen steckten, im wörtlichen Sinne ›Weichen stellten‹. Namentlich war eine Persönlichkeit der Weimarer Republik entscheidend: der Frankfurter Oberbürgermeister Ludwig Landmann, der die Stadt in der noch sehr wilhelminisch geprägten Gesellschaft mit Nachdruck zum Zentrum des Rhein-Main-Gebietes und gleichsam zur heimlichen Hauptstadt Deutschlands aufbaute.

Das moderne Frankfurt des 21. Jahrhunderts verdankt Landmanns visionärer Politik die Fundamente seiner Wirtschaftskraft. Im Einzelnen: die Messe, den Flughafen, den Autobahnanschluss der Linie Hamburg-Frankfurt-Basel, die Großmarkthalle als damaligem Umschlagplatz für sämtliches Obst und Gemüse im Umkreis von 150 Kilometern, den Hafenausbau, den Grüngürtel mit dem Waldstadion, die Niddaregulierung und überdies ein Bauprogramm, das zu mehr als 20 Siedlungen des ›Neuen Bauens‹ unter dem Baudezernenten Ernst May führte.

Bereits als Dezernent hatte Landmann seit 1917 an seiner Vision gearbeitet, die Frankfurter Messe wieder aufzuwerten. Denn die Herbstmesse hatte es zwar seit 1150 gegeben, und Frankfurt war auch im 13. Jahrhundert durch mehrere kaiserliche Privilegien zum zentralen Messeort aufgestiegen, doch seit Mitte des 19. Jahrhunderts war die Messe als Exportmesse bedeutungslos geworden.

Nach langen Vorbereitungen gelang es Landmann in der nicht einmal ein Jahr alten Weimarer Republik am 1. Oktober 1919, die erste internationale Frankfurter Messe zu eröffnen. Damit war es ihm gelungen, aus einer Ausstellungsmesse wieder eine Exportmesse zu machen.

Bei allen Plänen hatte der 1868 in Mannheim geborene Jurist mit zwei Ehrendoktortiteln stets die städtische Gesamtheit im Auge; er begriff die Stadt als wirtschaftlichen Großbetrieb, dessen Erfolge und Gewinne allen Einwohnern zugute kommen sollten. Sozial- und Wirtschaftspolitik waren für Landmann zwei Seiten einer Medaille, weshalb er den Ausbau moderner Verkehrsverbindungen ebenso forcierte wie bessere Wohnverhältnisse und menschenwürdige Arbeitsplätze. Während er mit der Messe auf Export abzielte und in unmittelbarer Messe- und Bahnhofsnähe den ersten Frankfurter Flughafen am Rebstockgelände ausbaute, forderte er seit 1917 ein Siedlungsamt, das er schließlich als Oberbürgermeister 1925 durchsetzen konnte; nur dadurch konnte Landmann neue Verwaltungsstrukturen schaffen, die es ermöglichten, in fünf Jahren 12 000 Wohnungen für Arbeiter und Angestellte zu realisieren.

Festhalle Die Festhalle gehört, wie der Hauptbahnhof, zu den repräsentativen Großbauten der Wilhelminischen Zeit, die sich an historischen Baustilen orientierten. Der Architekt Friedrich Max von Thiersch baute die Festhalle von 1907 bis 1909 als Repräsentationsbau der wieder aufstrebenden Messestadt. In der Formensprache des Neobarock gestaltet und mit einer etwa 40 Meter hohen Kuppel überwölbt, bildet sie bis heute das Herzstück der Messe.

Hammering Man Der US-amerikanische Künstler Jonathan Borofsky schuf mehrere Stahlskulpturen eines hämmernden Arbeiters für verschiedene Großstädte der Welt. Die größte, eine 22 Meter hohe, bewegliche Figur, steht vor dem Messeturm.

Messegelände Der Messeturm wurde bis 1991 von dem Deutsch-Amerikaner Helmut Jahn geplant. Das Ensemble aus Messeturm, Festhalle und Hammering Man gilt als Wahrzeichen der Frankfurter Messe. Im Bildhintergrund ist der Hauptbahnhof zu sehen, der von der Messe aus zu Fuß erreichbar ist.

Festhalle, 1909 **Hammering Man**

Landmann gewann durch die Eingemeindung von Höchst 1928 außerdem die chemische Industrie für Frankfurt, und er versuchte, Ford nach Frankfurt zu ziehen, wobei ihn allerdings der Kölner Oberbürgermeister Konrad Adenauer ausbotete.

Nur drei Kilometer vom Hauptbahnhof entfernt lag damals das Rebstockgelände – benannt nach einem Hof, dessen Geschichte ins 12. Jahrhundert zurückreicht –, wo es seit 1909 einen Flugplatz gab. Dort landete im Juli 1909 der erste Zeppelin. Heute ist von Frankfurts erstem Flughafen nichts mehr zu sehen; nach dessen Zerstörung im Krieg und dem Flughafenneubau am heutigen Standort dehnte sich die Messe weiter aus, und zugleich wurde ein neues Wohngebiet erschlossen, das Rebstockviertel. Als Oberbürgermeister förderte Landmann den Flughafenausbau, indem er 1924 die ›Südwestdeutsche Luftverkehrs AG‹ und im Jahr darauf die ›Frankfurter Flugplatz GmbH‹ gründete. Mit rund 6400 Starts und Landungen im Jahr besaß Frankfurt mit dem Rebstockflughafen vier Jahre später bereits den zweitgrößten Flughafen Deutschlands nach Berlin. Die Messe wäre heute ohne Flughafen undenkbar.

Der 256 Meter hohe Messeturm Der riesige Bleistift setzt ein Signal: Mit 256 Metern Höhe zeigt der Messeturm seit 1991 unübersehbar wie ein Ausrufezeichen bereits aus der Ferne, wo die Frankfurter Messe liegt – nämlich nördlich des Hauptbahnhofs, an der Autobahnausfahrt Frankfurt-West. Wegen seiner markanten Gestalt mit der betonten Spitze nennen viele den Messeturm von Helmut Jahn ›Bleistift‹. Zu seinen Füßen arbeitet ein Riese bedächtig mit einem Hammer, die 22 Meter hohe Skulptur ›Hammering Man‹ von Jonathan Borofsky.

Messegäste profitieren von dem besonderen Standort: Die Messe schließt fast an den Hauptbahnhof an und ist zu Fuß erreichbar; vom Flughafen gelangt man in zehn Minuten zum Bahnhof, und überdies kreuzen sich in Frankfurt die Autobahnen A3 und A5, die wichtigste Nord-Süd-Verbindung Deutschlands. Dieser Lage und der Tatsache, dass die Leipziger Messe vom Handelsgeschäft der westlichen Welt lange abgeschnitten war, verdankt die Frankfurter Messe ihre Position als eines der weltweit größten Messeunternehmen, das in mehr als 150 Ausstellungsländern vertreten ist. Mit diesen Vorteilen – Flughafen-, Autobahn- und Bahnhofsnähe – wirbt die Messe seit Jahrzehnten.

Zwischen Bahnhof und Nizza Vom Hauptbahnhof nach Nizza? Das geht, zu Fuß in 15 Minuten. Das Nizza ist eine vom Grünflächenamt der Stadt seit dem Jahr 2000 wieder hergestellte Gartenanlage am Untermainkai, geplant im

Messegelände

19. Jahrhundert von den Stadtgärtnern Sebastian Rinz und dessen Enkel Andreas Weber. Letzterer konzipierte auch seit 1872 den Zoologischen Garten im Ostend und prägte den Kurpark in Bad Soden am Taunus, in den er den Burgberg mit einbezog.

Der Nizza-Garten wurde auf Betreiben von Rinz an jener Stelle angelegt, wo der ›kleine Main‹ lag, ein Mainarm, der als Winterhafen diente und 1858 zugeschüttet wurde. Nach den Vorstellungen von Rinz setzt das spätere Nizza die Wallanlagen – die erste öffentliche Grünanlage der Stadt – bis an das Mainufer fort. Zu seiner Zeit war das Ufer von den erwähnten weitläufigen Gärten großbürgerlicher Stadthäuser gesäumt; hier hatten sich wohlhabende Bürger niedergelassen, denen es in der Altstadt mit den gotischen Fachwerkhäusern zu eng und düster geworden war. Wohl niemand konnte ahnen, dass sich dieses Viertel mit der so modernen klassizistischen Bebauung durch den Zentralbahnhof wenig später radikal verändern würde.

Das Rothschildsche Palais am Untermainkai Eines der wenigen klassizistischen Häuser, die aus dieser Zeit erhalten sind, ist das Haus am Untermainkai 15. Hier ist heute der größte Teil des Jüdischen Museums der Stadt Frankfurt untergebracht. Eine umfangreiche Dauerausstellung gibt einen fundierten Überblick über den Alltag, die Religion, die städtische Politik und die Lebensverhältnisse der jüdischen Frankfurter seit dem 12. Jahrhundert. Denn nicht zuletzt waren es die Juden, die Frankfurt zum Aufstieg zur Börse- und Messestadt und zum Zentrum der Buchdrucker und Verlage verhalfen. Eine Zweigstelle des Museums befindet sich am Börneplatz, wo die Ausgrabungen der Judengasse zugänglich sind. Im Jüdischen Museum finden außerdem Wechselausstellungen mit zeitgenössischer Kunst statt.

Dieses ehemalige Rothschildsche Palais wurde 1821 bis 1824 von Stadtbaumeister J. F. C. Hess errichtet und 1848 von dem Bankier Freiherr Meyer Carl von Rothschild erworben. Rothschild beauftragte Stadtbaumeister Friedrich Rumpf mit einer Erweiterung seines Hauses von sieben auf zwölf Achsen. Eine Seltenheit in Frankfurt: Innen sind Teile der ursprünglichen frühklassizistischen Ausgestaltung von Hess erhalten, etwa im Treppenhaus. Auch von der Erweiterung und Ausstattung im Geschmack des Neurokoko unter Rumpf haben viele Details die beiden Weltkriege überstanden.

Klassizismus unter Vater und Sohn Hess Von den vielen klassizistischen Bürgerhäusern, die Ende des 18. bis Anfang des 19. Jahrhunderts die Stadt prägten, weil sie um die mittelalterliche Altstadt herum als weißer Gebäude-

Jüdisches Museum Im klassizistischen Palais der Familie Rothschild am Untermainkai 15 unterhält die Stadt das Jüdische Museum. Hier am Mainufer haben einige weiße Baudenkmale des Klassizismus die Zeiten überdauert. Sie vermitteln ein Bild davon, wie das Ufer um 1820 aussah.

Gartenanlage Nizza Diese exotische Gartenanlage am Untermainkai wurde auf Betreiben des Stadtgärtners Sebastian Rinz anstelle des zugeschütteten Winterhafens geplant. Erst sein Enkel, der Stadtgärtner Andreas Weber, brachte um 1875 südländische Pflanzen an den Main – seitdem wird die Gartenanlage ›Nizza‹ genannt.

Nizza am Main Am Rande der Gartenanlage, die ab dem Jahr 2000 vom Grünflächenamt vitalisiert wurde, baute das Bankhaus Metzler ein Panorama-Restaurant mit Sommerterrasse. An Wochentagen dient es den Angestellten als Kantine und ist öffentlich zugänglich, am Wochenende ist es ein gehobenes Ausflugslokal.

Mediterrane Vegetation am Untermainkai Wie der Palmengarten und der Botanische Garten, wurde das Nizza im 19. Jahrhundert als Sammlung exotischer Pflanzen angelegt. Im Unterschied zu den erstgenannten ist dieser etwa 800 Meter lange Garten nicht durch eine Umfriedung geschützt, sondern gehört zu den öffentlichen Grünanlagen am nördlichen Mainufer.

Jüdisches Museum, 1821, 1849

Gartenanlage Nizza, seit 1860

Nizza am Main

kranz entstanden, sind nur noch wenige erhalten. Die meisten wurden von Vater und Sohn Hess zwischen 1788 und 1833 gebaut, so etwa das Fischerfeldviertel, von dem das Haus Schützenstraße 1 einen Eindruck vermittelt. Die Stadt hatte 1809 eine strenge Bauordnung erlassen, die die üblichen, aufgrund der Platznot extremen Überhänge der oberen Fachwerkgeschosse verbot. Durch die Bauordnung konnte ein einheitlich weiß verputztes, helles Fassadenbild rund um die Fachwerk-Altstadt entstehen. Die neue Bauweise kam gut an, weshalb man hier noch jahrzehntelang gern klassizistisch weiterbaute – sogar bis ins dritte Viertel des 19. Jahrhunderts. Erst mit der Reichsgründung im Jahr 1871 und dem damit verbundenen neuen, eklektizistischen Geschmack wurde diese einheitliche Architektur von einem historisierenden Stilpluralismus abgelöst. Nun waren die Fassaden nicht mehr weiß, sondern auch unverputzt, um ihre Materialhaftigkeit, Sandstein und Backstein, zu zeigen.

Dennoch wirkte das von der Stadt initiierte ›weiße Bauen‹ des Klassizismus in Frankfurt lange nach: Noch Hermann Muthesius schuf 1923 die Villa Ditmarstraße 4 ganz in klassizistischer Haltung, während gleichzeitig mit Ernst May ab 1926 die ersten Vertreter der Neuen Sachlichkeit auftauchten. Es war das weiße, klassizistische Bauen, das für Frankfurt lange typisch war, und an das May anknüpfte, als er die städtischen Siedlungen nach außen hin weiß wirken ließ. Die avantgardistischen Siedlungen des Neuen Bauens waren in ihrer Fernwirkung als weiße Stadt nichts Neues für die Frankfurter – die große Aufregung kam dadurch, dass die Häuserzeilen ›keine Dächer‹, nämlich Flachdächer, besaßen. Hingegen hatten sich die Ur-Urgroßväter der Kritiker bei den klassizistischen Zeilen wie dem Rothschildschen Palais keineswegs über die fehlenden Schiefer-Satteldächer aufgeregt.

Am Untermainkai gibt es einige Bürgerhäuser des Klassizismus, einer Epoche, die in Frankfurt weitgehend verschwunden ist: Untermainkai 4 und 10 wurden 1823 von Hess gebaut; Nr. 12 und 13 entstanden um 1820, wurden jedoch beide im späten 19. Jahrhundert verändert; Untermainkai 14, ebenfalls von Hess, entstand 1821.

Hess dachte, ebenso wie Generationen später gleichsam sein Amtsnachfolger May, immer an die Fernwirkung der weißen Stadt Frankfurt, die, ganz im Sinne mittelalterlicher Städte, nach außen als bauliche Einheit wirken sollte. Zu einer Stadt gehören Tore: Deshalb schuf J. F. C. Hess klassizistische Torhäuser, von denen heute nur eines erhalten ist, das Affentor von 1810/11 in Sachsenhausen. In ähnlicher Haltung betonte Ernst May die Eingänge der Siedlungen ein Jahrhundert später mit torähnlichen Zugängen.

Feldbergstraße Diese Wohnbebauung in der Feldbergstraße mit üppiger Bauzier aus der Zeit um 1890 ist typisch für das Westend.

Synagoge Die Westend-Synagoge entwarf der Architekt Franz Roeckle bis 1910. Nach schweren Verwüstungen in der Zeit des Nationalsozialismus wurde die Synagoge saniert und ihr Innenraum etwas vereinfacht wieder hergestellt.

Eppsteiner Straße 47 Heute ist dieses Eckhaus eines der vielen begehrten Wohnhäuser im Westend. 1970 galt die Adresse als Skandal: Es war das erste besetzte Haus der Stadt.

Livingston'scher Marstall Heute ein repräsentatives Anwesen in der Ulmenstraße 20, wurde dieses Gebäude in schweren Neorenaissance-Formen 1882 als Stall gebaut.

Bockenheimer Landstraße Die alte Ausfallstraße nach Westen verbindet die Bockenheimer Warte schnurgerade mit dem Opernplatz, wo sich seit 2009 der vom Büro Christoph Mäckler gebaute 170 Meter hohe Opern-Turm erhebt.

Westend

Feldbergstraße · Synagoge, 1910 · Eppsteiner Straße 47 · Livingston'scher Marstall, 1882

Villenviertel mit Universität Im Westend wohnt man schön. Großbürgerliche Villen und Stadthäuser prägen die baumbestandenen Straßen beiderseits der Bockenheimer Landstraße zwischen Palmengarten, Grüneburgpark, Campus Westend, Rothschildpark und Plätzen wie dem Beethoven- oder dem Bettinaplatz.

Vor 50 Jahren sah das anders aus. Denn seit etwa 1960 plante die Stadt, die Villen langfristig abzureißen, Grundstücke zusammenzulegen und (Büro-)Neubauten zu errichten. Es war der Protest der Bürger, namentlich der Verein AGW, der Aktionsgemeinschaft Westend e. V., der die Pläne verhinderte und dieses Stadtviertel vor weiterer Spekulation rettete; dazu wurde am 19. September 1970 in der Eppsteiner Straße 47 das erste alte Haus besetzt.

Das Westend ist das älteste und zugleich das gehobenste Wohnviertel der ehemaligen Vorstädte, die nach dem Fall der Stadtbefestigung am Rande der Innenstadt erschlossen wurden. Bereits um 1770 waren entlang der Bockenheimer Landstraße, der Chaussee, die in das zu Hanau gehörende Dorf Bockenheim führte, Landhäuser mit großen Gärten entstanden. Diese Villen setzten neue Maßstäbe für eine zunächst meist regellose Bebauung nach Art einer Gartenstadt, die zwischen Grüneburg- und Kettenhofweg entstand; etwa seit 1850 wurde das Westend dann planvoll erschlossen. Zu den Anwesen gehörten Pferdeställe, Kutscherhäuser und ein Hirschgehege als Teil des Rothschildschen Parks. Das Livingston'sche Stallgebäude in der Ulmenstraße 20 vermittelt einen Eindruck einer anspruchsvollen Pferdestallung mit Kutschenremise um 1880. Der Architekt C. L. Schmidt entwarf diese repräsentative Pferdeunterkunft als Dreiflügelanlage auf einer schmalen Parzelle im Auftrag von M. Livingston. Später ging das Gebäude in den Besitz der Familie Rothschild über, heute kann man es für Hochzeiten und andere Feiern mieten.

Nicht mehr erhalten ist hingegen Frankfurts erster Zoologischer Garten, der 1858 zwischen Liebigstraße und Unterlindau entlang der Bockenheimer Landstraße angelegt wurde und nur wenige Jahre später, bereits 1873, an den heutigen Standort ins Ostend umzog.

Die Straße Niedenau stieg um 1870 zur nobelsten Villenstraße des Klassizismus auf, und zugleich wuchsen um die Liebig- und die Feldbergstraße herum die etwas höheren Mietshäuser des Historismus. In einigen Villen sind bis heute kunstvolle Holzdecken erhalten, manche Häuser in Privatbesitz konnten gar ihre Raumausstattungen bewahren.

Es ist kein Zufall, dass eine bis heute außerordentlich beliebte Frankfurter Institution, der Palmengarten, mit seinem Gesellschafts- und Palmenhaus in diesem groß-

Bockenheimer Landstraße

bürgerlichen Viertel im Grünen angelegt wurde, denn es waren im Wesentlichen die Anwohner des Westends und Bockenheims, die den Palmengarten finanziell ermöglichten. Zehn Jahre vor seiner Eröffnung hatte in der Nachbarschaft des Palmengartens der bereits erwähnte erste Frankfurter Zoo seine Tore geöffnet.

Der Palmengarten – eine Frankfurter Institution

Der Palmengarten entstand aus einer Notsituation heraus: Herzog Adolph von Nassau war ein leidenschaftlicher Pflanzensammler, der seit 1846 in Schloss Biebrich bei Wiesbaden eine alsbald berühmt gewordene Sammlung zusammengetragen hatte. Als politischer Verlierer des Preußisch-Österreichischen Krieges verlor der Herzog 1866 sein Land und musste sein Schloss samt Pflanzenhäusern abtreten. Um die Biebricher Sammlung zu retten, gründete der bekannte Bockenheimer Kunstgärtner Franz Heinrich Siesmayer, ein Schüler des Frankfurter Stadtgärtners Sebastian Rinz, 1868 einen Verein. Dieser wurde durch eine gemeinnützige Aktiengesellschaft finanzkräftiger Bürger unterstützt, von denen viele im Westend wohnten. Auf diese Weise konnte Siesmayer mit Genehmigung der preußischen Regierung ab 1869 den Palmengarten auf einem 5,5 Hektar großen, wasserreichen Areal nördlich der Bockenheimer Chaussee planen.

Gewächshäuser, die das ganze Jahr über tropisches, feucht-warmes Klima bewahren, oder solche, die Wüstenpflanzen wie riesige Kakteen in hiesigem Winterfrost überleben lassen, scheinen heute selbstverständlich. Ein Gewächshaus als tageshelle, gleichmäßig temperierte Glasarchitektur setzt jedoch einige technische Innovationen voraus, die ohne die Industrialisierung im 19. Jahrhundert undenkbar wären. Erst der Eisenguss und die damit verbundenen Eisenkonstruktionen erweiterten das Spektrum des bisherigen Bauens mit Stein und Holz schlagartig. Nur durch Stahl und Glas wurden nun lichtdurchflutete, riesige Hallen ohne mächtige Steinpfeiler möglich. Weltweite Aufmerksamkeit erregte das industrielle Bauen mit Glas und Eisen spätestens mit der Weltausstellung in London, auf der Joseph Baxton 1851 mit seinem Glaspalast ein völlig neues Raumgefühl erlebbar machte und damit inspirierende Möglichkeiten für Ausstellungspavillons, Gewächshäuser und Bahnhöfe eröffnete.

Weil man für das neue Palmenhaus eine großzügige Konstruktion brauchte, unternahmen die Verantwortlichen – unter anderem Siesmayer und der Architekt Fritz Kaysser – 1868 eine Reise nach Brüssel und London, um die berühmten Glashäuser und Orangerien zu studieren. Es gab damals zwar in Frankfurt große private Wintergärten und Gewächshäuser, wie zum Beispiel den Winter-

Palmenhaus, 1872

Palmenhaus Das denkmalgeschützte Palmenhaus verbindet die gesellschaftlichen Ansprüche des Bürgertums in wilhelminischer Zeit mit dem Wunsch nach einer großen Schausammlung exotischer Pflanzen.

Villa Leonhardi Diese Villa baute Nicolas Alexandre Salins de Montfort für die Familie Leonhardi.

Im Palmengarten Alte Rotbuchen und andere wertvolle Bäume, teilweise noch aus dem 19. Jahrhundert, sind so gepflanzt und beschnitten, dass malerisch wirkende Landschaftsbilder entstehen.

Taschentuchbaum Nur wenige Wochen im Frühjahr zeigt dieser exotische Baum mit seinen herabhängenden weißen Hochblättern, warum er diesen Namen trägt.

Villa Leonhardi im Palmengarten, 1806   Im Palmengarten   Taschentuchbaum

garten der Rothschilds, den Friedrich Rumpf 1838 gebaut hatte und der leider nicht mehr erhalten ist, doch für das Palmenhaus suchte man nach einer architektonischen Verbindung von Gesellschaftshaus und Pflanzenschutz. Denn was nützt eine wissenschaftlich hochrangige Pflanzensammlung, wenn sie keine zahlenden Besucher anzieht? Nur aus dem Zusammenspiel von Schausammlung und glanzvollen Bällen und Konzerten ließen sich Einnahmen erzielen, die eine dauerhafte Unterhaltung des Palmengartens ermöglichen. Ein solches repräsentatives Gesellschafts- und Palmenhaus entwarf Kayser in Abstimmung mit Siesmayer. Bis April 1870 waren alle Pflanzen aus Biebrich nach Frankfurt überführt, doch die Fertigstellung des Gebäudes verzögerte sich durch den Krieg 1870/71. Am 14. April 1872 konnte dann das Palmenhaus mit einem Konzert in Anwesenheit des späteren Kaisers Wilhelm II. eröffnet werden.

Vom heutigen Eingang in der Palmengartenstraße blickt man nach wie vor auf das Hauptgebäude des Palmengartens, das im wesentlichen von Martin Elsaesser gestaltet wurde. Das ursprüngliche Gesellschaftshaus von 1871 war ganz vom Spätklassizismus inspiriert und wurde nach kaum sieben Jahren durch ein Feuer so beschädigt, dass es in der Formensprache der Neorenaissance erneuert wurde. Ein halbes Jahrhundert später wurde dieses dann unter dem Baudezernenten Ernst May von dessen Mitarbeiter Martin Elsaesser 1928/29 im Sinne des Neuen Bauens in klaren Formen umgestaltet. Von dem ersten Gesellschaftshaus von Kayser ist bis heute das immerhin 17 Meter hohe Palmenhaus erhalten, mit 52 Metern Länge und 30 Metern Breite nach wie vor das größte Glashaus im Palmengarten.

Baudenkmale in der Siesmayerstraße Die nach dem Gründer des Palmengartens benannte Siesmayerstraße wird von herausragenden Baudenkmalen unterschiedlichster Zeiten charakterisiert, die sich bei allem Stilpluralismus bestens miteinander vertragen: In der Siesmayerstraße 61, gleich neben dem Eingang und dem Café Siesmayer, steht die denkmalgeschützte Direktionsvilla, die 1870 in spätklassizistischen Formen gebaut wurde und heute so stark begrünt ist, dass man sie fast wie eine große exotische Pflanze des Palmengartens wahrnimmt. Neben der Villa und dem Café erhebt sich ein mächtiges Gewächshaus, das bis 1906 als Eisen-Glaskonstruktion mit zentraler Kuppel gebaut und bei der letzten Sanierung etwas verändert wurde. Wenige Schritte weiter sticht das Amerikanische Konsulat in der Siesmayerstraße 21 hervor. Es wurde bis 1955 von den einflussreichen amerikanischen Architekten Skidmore, Owings and Merrill gebaut,

Schönhofpavillon Dieses heute beliebte Café im Grüneburgpark wurde 1964 aus dem Garten des Schönhofs in Bockenheim hierher transloziert.

Griechisch-orthodoxe Kirche Diese kleine Kirche steht seit 1959 am Rande des Grüneburgparks, an den hier der Campus Westend grenzt.

Pförtnerhaus Etwas versteckt zwischen Grüneburgpark und Campus Westend steht das alte Pförtnerhaus der vormaligen Park-Eigentümer, der Familie von Rothschild.

Ehemaliges US-amerikanisches Konsulat Direkt am Palmengarten steht das ehemalige Konsulat, entworfen von dem amerikanischen Architekturbüro Skidmore, Owings and Merrill.

Villa Bonn Bauliche Kontraste: Gegenüber dem ehemaligen US-amerikanischen Konsulat steht in der Siesmayerstraße 12 die neoklassizistische Villa Bonn.

Schönhofpavillon, 1820   Griechisch-orthodoxe Kirche   Pförtnerhaus, um 1875   Ehemaliges US-amerikanisches Konsulat, 1955

nachdem im ehemaligen I.G.-Farben-Gebäude das Hauptquartier der amerikanischen Streitkräfte seine Arbeit aufgenommen hatte. Das elegante Konsulat mit der schimmernden, gerasterten Glasfassade wurde jüngst saniert und wird heute als exklusives Bürogebäude genutzt. Ihm gegenüber steht die neoklassizistische Villa Bonn mit ihrer repräsentativen Auffahrt in der Siesmayerstraße 12, die der Hofbaurat Ernst Eberhard von Ihne bis 1897 schuf.

Grüneburgpark und Westend-Synagoge Vom Palmengarten braucht man nur die Siesmayerstraße zu überqueren, um in den Grüneburgpark zu gelangen. Wie viele öffentliche Parkanlagen verdankt er sich ehemaligem Familienbesitz. Zunächst hatte sich die Frankfurter Familie von Bethmann auf dem Areal des alten Gutshofes Grüneburg niedergelassen; 1844 verkauften sie ihr Anwesen an die befreundete Familie Rothschild. Heute erinnert eine Gedenkstele auf der Anhöhe im Park daran, dass dort, wo heute Rosen blühen, einst die Villa der Familie Rothschild stand. Wegen ihrer architektonischen Gestalt im Louis-Seize-Stil auch Grüneburg-Schlösschen genannt, wurde die 1845 errichtete Villa um 1950 abgebrochen. Erhalten ist nur der (umgestaltete) Park, das Pförtnerhaus am östlichen Parkeingang, das um 1875 entstand, und die ehemalige spätklassizistische Orangerie von 1855, die seit 1959 zur griechisch-orthodoxen Kirche umgebaut wurde. Wenige Schritte entfernt steht ein schmucker, oktogonaler Pavillon auf der Wiese, der im Sommer als Café bewirtschaftet wird. Dieser Pavillon von 1820 gehörte ursprünglich zum Garten des Schönhofs in Bockenheim; als der Garten der Brückenauffahrt geopfert wurde, hat man ihn 1964 im Grüneburgpark aufgestellt.

Verlässt man den Grüneburgpark in südlicher Richtung, gelangt man zur Westend-Synagoge in der Altkönigstraße 22–26. Sie ist für Besucher aus Sicherheitsgründen nur mit Anmeldung und Führung zugänglich. Frankfurts größte Synagoge entfaltet ihre Besonderheit in ihrem überwölbten Innenraum, den Franz Roeckle bis 1910 auf quadratischem Grundriss in orientalisch anmutenden, neoklassizistisch inspirierten, späten Jugendstilformen schuf. Brandstifter verwüsteten im November 1938 auch diese Synagoge; 1950 konnte sie wieder eingeweiht und 1989 bis 1994 restauriert werden.

Die Goethe-Uni im I.G.-Farben-Hochhaus Gänzlich neue Maßstäbe im Westend setzte 1930 das I.G.-Farben-Hochhaus: Nachdem das gesamte Anwesen nach dem Zweiten Weltkrieg jahrzehntelang weiträumig abgesperrt und gesichert war, wurde es nach dem Abzug der Amerikaner umfassend saniert und restauriert, bevor es im Jahr

Villa Bonn, 1897

2001 einer gänzlich neuen Funktion, nämlich als Hauptgebäude der von Bockenheim hierher verlagerten Goethe-Universität, zugeführt wurde.

Das ehemalige I.G.-Farben-Haus hat eine lange Vorgeschichte: Zunächst einmal steht es auf dem Affensteiner Feld, einem Hügel nördlich von Frankfurt, der lange nicht bebaut war und außerhalb der mittelalterlichen Stadt lag. Auf diesem großen Grundstück, das seit 1837 zum Grüneburggelände der Familie Rothschild gehörte, entstand auf Betreiben des Arztes Heinrich Hoffmann 1864 eine seinerzeit außerordentlich moderne Klinik für seelisch kranke Patienten. Hoffmann leitete ›den Affenstein‹ bis 1888; bekannt wurde der engagierte Psychiater aber weniger für seine Verdienste um eine humanere Psychiatrie als vielmehr als Autor des weltberühmten Kinderbuches ›Struwwelpeter‹, das bis heute in 40 Sprachen übersetzt wurde und mittlerweile in der 546. Auflage vorliegt. Hoffmann hatte den Struwwelpeter 1844 als Weihnachtsgeschenk für seinen dreijährigen Sohn erfunden, weil ihm die in Frankfurt angebotenen Kinderbücher mit ihrer autoritären Pädagogik nicht zusagten. In der gleichen Klinik beschrieb Jahre später, im Jahr 1901, der Arzt Alois Alzheimer zum ersten Mal die nach ihm benannte Krankheit.

Für die neue I.G.-Farben-Zentrale wurden Ende der 1920er Jahre alle Klinikgebäude abgetragen; zugleich sorgte die Stadt unter Leitung des Baudezernenten Ernst May für einen Neubau der Nervenklinik nach mittlerweile wieder moderneren Heilkonzeptionen an einem anderen Ort: Diese von Mays Mitarbeiter Martin Elsaesser bis 1930 in Niederrad gebaute Klinik ist bis heute weitgehend erhalten.

Die neue Zentrale der I.G.-Farben plante der Architekt Hans Poelzig. Nach einer Bauzeit von nur 22 Monaten konnte der mächtigste Chemiekonzern der Welt 1930 von Höchst in seine repräsentative Hauptverwaltung ziehen.

Der siebengeschossige, aus 35 Meter hohen Riegeln bestehende Stahlskelettbau ist mit Travertinplatten verkleidet. Wie ein breit gelagertes Schloss mit Querflügeln beherrscht das weithin sichtbare Firmengebäude einen prachtvollen Park, den der städtische Gartenbaudirektor Max Bromme gestaltete. Die Qualität des Verwaltungsgebäudes zeigt sich an vielen Details: Ein Kunstgriff von Poelzig besteht darin, das immerhin 250 Meter lange Gebäude in leichter Bogenform auszuführen; damit verhinderte er, dass die langen Flure zu einer unüberschaubaren Eintönigkeit geraten. Außerdem verringert sich, kaum wahrnehmbar, jedoch für die optische Wirkung entscheidend, die Höhe der Fenster von Geschoss zu Geschoss. Ebenso nehmen die radial stehenden Querflügel in ihrer Breite zur Mitte hin ab: während die äußeren Flügel noch

Campus Westend, Eingangshalle, 1930

Campus Westend, Eingangshalle Das Hauptgebäude der Goethe-Universität erschließt sich wie bei einem barocken Schloss von dem mittig gelegenen Foyer mit seiner zweiläufigen, repräsentativen Treppenanlage.

Universitäts-Neubauten im Westend Nördlich von I.G.-Farben-Haus und Casino – heute Mensa und Aula – entstanden bis 2009 auf dem Campus Westend die weitläufigen Fachbereichsgebäude von Rechtswissenschaft und Wirtschaftswissenschaften, das Hörsaalzentrum, das House of Finance, ein Studentenwohnheim, ein Raum der Stille für alle Konfessionen, eine Kindertagesstätte.

I.G.-Farben-Hochhaus Schlossähnliche Universität in weitläufigem Park: Die denkmalgeschützte Firmenzentrale der I.G.-Farben von 1930 wurde aufwendig saniert und der Goethe-Universität als Hauptgebäude zur Verfügung gestellt. Bereits der Architekt Hans Poelzig bezeichnete sein Bauwerk als Stadtkrone.

Universitäts-Neubauten im Westend, 2008

I.G.-Farben-Hochhaus, 1930

16,40 Meter breit sind, messen die inneren nur noch 14,20 Meter. Beim I.G.-Farben-Hochhaus wurde außerdem zum ersten Mal auf einer Großbaustelle ein Stahlrohrgerüst verwendet.

Im Zweiten Weltkrieg war der I.G.-Farben-Konzern untrennbar mit der Diktatur der nationalsozialistischen Regierung verstrickt und verdiente Milliarden an der Ausbeutung von verschleppten Menschen aus ganz Europa, an Zwangsarbeit und an der Ermordung von mehr als sechs Millionen jüdischen Frauen, Männern und Kindern. Der Oberbefehlshaber der Alliierten Streitkräfte in Europa, General Dwight D. Eisenhower, ließ 1945 die unzerstörte Firmenzentrale des mittlerweile zerschlagenen Chemieriesen beschlagnahmen; seit 1952 residierte dort die Europazentrale der amerikanischen Streitkräfte mit dem Hauptquartier der CIA in Deutschland. Aus diesem Grund war das Anwesen bis 1995 hermetisch abgeschirmt.

Nach dem Abzug der Amerikaner überzeugte der damalige Universitätspräsident Werner Meißner das Land Hessen, dem Bund als Eigentümer die stark renovierungsbedürftige Immobilie abzukaufen, um sie als zukünftiges Hauptgebäude der Universität zu gewinnen. Seit 2001 zogen die geisteswissenschaftlichen Institute vom Campus Bockenheim sukzessive in den Campus Westend um, während die aufwendig sanierte Architektur durch benachbarte Hörsaal-, Fachbereichs- und Wohnheimneubauten im Norden, am Rande des Grüneburgparks, erweitert wurde. Für die naturwissenschaftlichen Bereiche – Chemie, Biologie, Physik und andere – wurde parallel dazu im Norden von Frankfurt, zwischen Niederursel und Kalbach, der neue Campus Riedberg begonnen.

Vom Villenviertel mit Palmengarten, über den Grüneburgpark bis zum I.G.-Farben-Hochhaus, das nun als Universität dient, spannt sich ein inhaltlicher Bogen: Im Westend verdichtet sich ein Kapitel deutscher Nachkriegsgeschichte. In keiner anderen Stadt waren die Amerikaner so präsent wie in Frankfurt am Main. Die Stadt profitierte, abgesehen von Berlin, wie keine andere von amerikanischen Dollars. Ohne US-amerikanische Hilfspakete wären noch mehr Frankfurter in den ersten Nachkriegswintern schlichtweg verhungert. Außerdem brachten die hier stationierten GIs Geld, Zigaretten, Kaffee, Musik und die Hoffnung auf bessere Zeiten mit. Als es mit Frankfurt finanziell rasant aufwärts ging, trugen amerikanische Banken und Architekten wesentlich zur Realisierung vieler Bankentürme bei. Man kann darüber spekulieren, ob es im Westend ohne den gesellschaftlichen Gesinnungswandel durch die 1968er Protestbewegung und die Hausbesetzungen überhaupt noch ruhige Alleen mit altem Baumbestand und großzügige Altbauwohnungen geben würde.

Nordend

Klassizistische Friedhofsportale Der Hauptfriedhof wurde 1828 außerhalb der Innenstadt angelegt; er ist bis heute der größte Park der Stadt mit mehr als 900 Denkmälern und wertvollen alten Bäumen. Beide Portale entwarf Ferdinand Rumpf.

Das Portal für den Jüdischen Friedhof mit der hebräischen Inschrift steht an der Rat-Beil-Straße, das Portal mit den eingestellten dorischen Säulen für den christlichen Friedhofsteil an der Eckenheimer Landstraße.

Merianbad Die zentrale Lage an der Berger Straße gewährleistete, dass dieses öffentliche Duschbad am Merianplatz seit 1888 für die Anwohner gut erreichbar war. Bezahlt hatte es der Frankfurter Bankier Theodor Stern.

Günthersburgpark Ein großzügiges Geschenk des Eigentümers Carl von Rothschild an seine Stadt: Seit 1892 ist der Günthersburgpark ein öffentlicher Volkspark mit Spielplatz und Boulespiel vor der ehemaligen Orangerie.

Klassizistische Friedhofsportale am Hauptfriedhof, 1828

Merianbad, seit 1888

Ausgedehnte Parkanlagen Etwa 54 000 Menschen leben im Nordend, viele in großzügig geschnittenen, zuweilen sanierungsbedürftigen Altbauwohnungen. Das bei Studierenden und Lehrern jahrzehntelang beliebte, weil sehr urbane, durchmischte, preisgünstige und durch Parks und Alleen aufgelockerte Wohngebiet entwickelt sich in jüngster Zeit wegen der oft aufwendigen Haussanierungen im Mietpreis nach oben und holt damit eine ähnliche Entwicklung nach wie Jahre zuvor das Westend und andere citynahe Wohngebiete, deren Altbausubstanz die Kriege und Abrisswellen überstanden hatten.

Mit dem Nordend verbinden viele Frankfurter beliebte innerstädtische Parks, wie den Günthersburg-, den Holzhausen- und den Bethmannpark. Außerdem gehört zum Nordend einer der größten Friedhöfe Deutschlands, der 1828 angelegte Hauptfriedhof an der Eckenheimer Landstraße. Damals weit außerhalb der Innenstadt angelegt, bildet der Hauptfriedhof die nördliche Begrenzung des Nordends. Mittlerweile hat sich die Stadt jedoch viel weiter nach Norden ausgedehnt, so dass die Mauern und Portale des Hauptfriedhofs nicht mehr von weitem auf freiem Feld in Erscheinung treten; im Winkel von zwei mehrspurigen städtischen Verkehrsachsen erschließt sich der Hauptfriedhof als innerstädtische Ruhezone mit prachtvollem alten Baumbestand, Mausoleen und mehr als 900 denkmalgeschützten Grabmälern vieler Familien aus den vergangenen 180 Jahren.

Mit der Planung und Gestaltung des Hauptfriedhofs, bestehend aus einem christlichen und einem jüdischen Teil, beauftragte die Stadt 1828 den Architekten Ferdinand Rumpf und den Stadtgärtner Sebastian Rinz. Rinz schuf einen englischen Landschaftsgarten, Rumpf entwarf passend dazu die beiden klassizistischen, die Antike zitierenden Friedhofsportale mit dorischen Säulen: den weißen Portalbau an der Eckenheimer Landstraße und das Portal zum jüdischen Friedhof – heute Alter Jüdischer Friedhof – an der Rat-Beil-Straße. Hundert Jahre später war der Hauptfriedhof in der schnell wachsenden Großstadt erweiterungsbedürftig geworden; unter dem Baudezernenten Ernst May und dem Gartenbaudirektor Max Bromme wurde daher weiteres Gelände erschlossen. In diesem Zusammenhang entstand ein weiteres Portalgebäude an der Eckenheimer Landstraße für den zweiten jüdischen Friedhofsteil – heute Neuer Jüdischer Friedhof – in expressiver Formensprache aus Backstein.

Das Nordend ist das größte der Erweiterungsgebiete auf früheren Wiesen, Äckern, Weingärten und Waldflächen zwischen den Ausfallstraßen nach Eschersheim – der Eschersheimer Landstraße – und nach Bornheim – mit der Berger Straße und dem Sandweg; es umfasst mit etwa

Günthersburgpark

2,5 mal 2,5 Kilometern eine nahezu quadratische Fläche von fast fünf Quadratkilometern in der Stadt und entstand planmäßig in mehreren Phasen in der zweiten Hälfte des 19. Jahrhunderts. Entscheidend für die städtebauliche Entwicklung wirkte sich die Eingemeindung von Bornheim im Jahr 1877 aus; und obwohl die Verwaltungseinheiten von Nordend und Bornheim einer amtlichen Definition unterliegen, sind die ›gefühlten Grenzen‹ zwischen Bornheim und Nordend bis heute fließend.

Dies mag zum einen daran liegen, dass das alte Bornheim mit seiner Barockkirche und seinem Fachwerk-Rathaus in der Berger Straße durch gesichtslose Neubauten in seinen städtebaulichen Proportionen stark verändert wurde; zum anderen verbindet die Berger Straße als lange Hauptgeschäftsachse die Viertel untrennbar miteinander. Diese alte Ausfallstraße, die vor den Eingemeindungen von Frankfurt nach Bergen führte – heute seinerseits vereint zu Bergen-Enkheim –, bildet in der öffentlichen Wahrnehmung die pulsierende, von kleinen, privat betriebenen Geschäften, Restaurants und Straßencafés begleitete Lebensader beider Viertel, wenngleich das Nordend mit dem Oeder Weg eine weitere Geschäftsstraße besitzt. Der Straßenname verweist auf ein anderes Merkmal des Nordends: Denn der Weg in ›die Öde‹, wie der Gutshof genannt wurde, der an Stelle des heutigen Holzhausen-

schlösschens lag, und der damals noch unbefestigte Sandweg erinnern an die Zeit vor der schnellen Erschließung des Nordends mit Wohnhäusern im 19. Jahrhundert. Deshalb besitzt das Nordend heute große Parks, Reste einstiger Privatgärten wohlhabender Patrizierfamilien, die über den Oeder Weg und den Sandweg in ihre Anwesen nördlich der alten Stadt fuhren.

So bietet der Günthersburgpark, den sich die Bankiersfamilie Rothschild 1837 von Sebastian Rinz um ihren Sommersitz herum gestalten ließ, seit 1892 einen riesigen Kinderspielplatz inmitten eines Volksparks. Diese Nutzung ist völlig im Sinne des letzten Eigentümers Mayer Carl von Rothschild, der 1886 ohne Nachkommen starb. Seinen geliebten Sommersitz vermachte er testamentarisch der Stadt – wenn auch mit eigenwilligen Vorgaben: Sein mit persönlichen Erinnerungen verbundenes Palais, kaum eine Generation genutzt, musste die Stadt abreißen lassen und den Park für immer der Öffentlichkeit zugänglich halten. Von den Parkgebäuden ist daher nur die Orangerie von 1855 am Ostrand des Parks erhalten, die heute als evangelisch-reformierte Kirche dient.

Auch in der Geschichte des Günthersburgparks spiegelt sich die enge Verbindung des Nordends mit Bornheim, denn der Park bildete einst die Grenze zwischen beiden Vierteln. Wahrscheinlich gab es hier nicht nur eine römi-

Holzhausenschlösschen, 1729

Bethmannpark Sobald die ersten Sonnenstrahlen locken, verwandelt sich der Park an der Berger Straße in das Freiluft-Wohnzimmer der Frankfurter. Die Anlage ging aus dem ›Bethmannschen Garten vor dem Friedberger Tor‹ hervor.

Chinesischer Garten Dieser exotische Garten mit Pagoden, Teichen und stimmungsvollen Ruhezonen wurde 1989 im Bethmannpark angelegt.

Bethmann-Denkmal Die Stadt stellte das Denkmal 1868 zum 100. Geburtstag des Bankiers und Mäzens Simon Moritz von Bethmann (1768–1826) am Bethmannweiher auf; sogar das Gelände war ein Geschenk von Bethmann an seine Stadt.

Holzhausenschlösschen Eine Stiftung für die Bürger ist ebenso dieses Wasserschlösschen, das mit seinem umfangreichen Programm für Kinder einen festen Platz im Kulturleben einnimmt.

Bethmannpark

Chinesischer Garten, 1989

Bethmann-Denkmal, 1868

sche Villa, sondern im Mittelalter erhob sich an gleicher Stelle die Bornburg, der Sitz der Herren von Bornheim.

Das Holzhausenschlösschen, ein barockes Wasserschloss mitten im Nordend, wurde der Stadt testamentarisch für die Nutzung verschiedenster Kulturprojekte vermacht. Es wird seit 1989 von der Frankfurter Bürgerstiftung genutzt, die ein anspruchsvolles Angebot an Kinderveranstaltungen, Konzerten, Ausstellungen, Theateraufführungen, Lesungen und Kinderfesten anbietet. Als großer Erfolg bei Schul- und Vorschulkindern hat sich mittlerweile die musikpädagogische Arbeit der Stiftung erwiesen, die von Profimusikern und Orchestern wie dem hr-Sinfonieorchester unterstützt wird. Während sich die Bürgerstiftung außerdem um die Erforschung der Frankfurter Geschichte kümmert, spielen im Adolph-von-Holzhausen-Park an warmen Tagen hunderte Kinder.

Das Wasserschlösschen selbst war anstelle eines älteren Vorgängerbaus bis 1729 nach Plänen von Louis Rémy de la Fosse für die Familie von Holzhausen erbaut worden, während der heutige Park im frühen 20. Jahrhundert als englischer Landschaftsgarten angelegt wurde.

Das erste Volksbrausebad der Stadt
Während im Nordend die erwähnten Parks und Vorstadtvillen den hohen kulturellen Anspruch ihrer früheren Eigentümer widerspiegeln, erinnert das Merianbad an der Berger Straße daran, dass Mietwohnungen mit Bad bis vor wenigen Jahrzehnten keineswegs selbstverständlich waren. Heute Café und Restaurant, wurde das unter Denkmalschutz stehende, 1888 im Auftrag der Stadt gebaute und von dem Frankfurter Bankier Theodor Stern finanzierte Merianbad noch bis 1981 von 61 000 Frankfurtern als Bade- und Duschanlage benutzt. Auf oktogonalem Grundriss erbaut und um 1930 leicht umgebaut, besaß das erste ›Volksbrausebad‹ der Stadt auf gerade einmal 83 Quadratmetern Fläche 14 Duschzellen, die von einem umlaufenden Gang aus zugänglich waren. Für zehn Pfennige pro Dusche konnte man sich von allem reinwaschen. Ähnliche Bäder wurden nach diesem Vorbild in anderen Stadtteilen gebaut, so etwa am Westbahnhof in Bockenheim.

An der Berger Straße, nur wenige Schritte vom Merianbad entfernt, liegt der Bethmannpark, in dem 1989 der chinesische ›Garten des himmlischen Friedens‹ eröffnet wurde. Der ehemalige ›Bethmannsche Garten vor dem Friedberger Tor‹ erstreckt sich bis zur Friedberger Landstraße und ist durch den Anlagenring von der Friedberger Anlage getrennt, wo ein Denkmal an den Frankfurter Mäzen Simon Moritz von Bethmann erinnert. Ohne das 1748 gegründete Bankhaus wäre Frankfurt um viele Gärten, Schulen, Kunstwerke und Baudenkmale ärmer.

Osthafen Dem Ausbau des Osthafens verdankt das Ostend seinen Aufstieg zum Wohn- und Industrieviertel. In das Ostend zogen seit dem frühen 19. Jahrhundert viele jüdische Familien aus der aus allen Nähten platzenden Innenstadt.

Bunker im Osthafen Dieser Bunker aus dem Zweiten Weltkrieg stand lange leer, bevor er zu Künstlerateliers umgebaut wurde. In Frankfurt gibt es mehrere Bunker wie diesen, die meist als Proberäume für Musikbands und als Lager genutzt werden.

Naxoshalle Wo früher viele Menschen an Maschinen standen, begegnen sich heute Schiller, Goethe und Shakespeare im Theater von Willy Praml.

Ostend

Osthafen, Südbecken

Bunker im Osthafen

Vom Osthafen zum Zoo So wie das Nordend, so ist auch das Ostend im Bewusstsein vieler Frankfurter heutzutage mit begehrten, großzügigen Wohnungen in so genannten Altbauten, mit Kultur und mit Freizeit verbunden. Denn zum einen liegen im Ostend große Grünflächen: der Zoologische Garten und der große Ostpark mit dem Weiher; außerdem konzentrieren sich im Ostend mit dem Mousonturm und der benachbarten Naxoshalle reizvolle Veranstaltungsorte mit Theater, Musik, Kabarett und Kleinkunst. Zum anderen gehört die Entwicklung des Ostends als Industriestandort und sein Wandel zu einer begehrten Wohnlage in Ufernähe untrennbar mit dem Osthafen zusammen. Von der anderen Mainseite, vom südlichen Mainufer aus gesehen, lässt sich das Ostend an der Deutschherrnbrücke, an Elsaessers Großmarkthalle von 1928 und, etwas weiter östlich davon, an den Kränen, Containern und der Honsellbrücke ablesen. Dahinter liegt das Industriegebiet entlang der Hanauer Landstraße.

Das Spannungsfeld zwischen Osthafen und Industrieanlagen, die seit dem 19. Jahrhundert im Osten Frankfurts entstanden, und der kulturellen Neunutzung funktionslos gewordener Fabrikhallen charakterisiert das Ostend. Wie das Westend hat sich dieses Quartier in den vergangenen Jahrzehnten gewandelt, wenngleich viele Gebäude substantiell gleichgeblieben sind: Aus einem sanierungsbedürftigen Altbauviertel mit günstigen Mieten für Studierende, für Hafen-, Markthallen- und Fabrikarbeiter entpuppte sich ein städtebaulich attraktiver, in den Mieten gleichwohl gestiegener Stadtteil.

Das Ostend wurde – ebenso wie das West- und das Nordend – über Jahrhunderte hinweg gärtnerisch genutzt, denn es lag vor den Toren Frankfurts. Erst mit der Erweiterung der mittelalterlichen Stadt entlang der Ausfallstraßen wurde das Ostend seit etwa 1840 allmählich mit Wohnhäusern bebaut; zu einer ersten planvollen Bebauung per Gesetz kam es seit 1849, zunächst mit spätklassizistischen Häusern. Der Bauboom kam dann, wie in den anderen Vierteln, in preußischer Zeit mit dem groß angelegten Ausbau des Osthafens und der Hanauer Landstraße seit dem frühen 20. Jahrhundert.

Nachbarschaft von Juden und Christen In keinem anderen Stadtviertel lebten bis 1933 so viele jüdische Bürger wie im Ostend: Da dort um 1895 fast 45 Prozent der Bevölkerung eine jüdische Mutter hatte und damit Jude war, gab es im Ostend ein außerordentlich lebendiges Geschäfts- und Kulturleben mit vielen jüdischen Geschäften, die als Familienbetriebe geführt wurden, mit koscheren Bäckereien, Restaurants, mit Kindergärten, Schulen, Altenheimen und Krankenhäusern. Die größte und kunst-

Johanniskirche Den Mittelpunkt des Dorfes Bornheim bildete die barocke Johanniskirche. Rund um den Kirchplatz spielt sich nach wie vor das Gemeindeleben ab, weil neben der Kirche ein Gemeindezentrum mit Kindergarten unterhalten wird.

Zur Sonne und Bornheimer Rathaus Dort, wo die Berger Straße immer schmaler und schattiger wird, liegt das alte Dorf Bornheim mit dem Rathaus aus Fachwerk, das heute privat bewohnt wird. Neben dem Bornheimer Rathaus steht das ebenfalls in Fachwerk errichtete Gasthaus Zur Sonne mit seinem für Frankfurt typischen, großen Gartenlokal.

Mietshäuser Dorfelder Straße Um bezahlbare Wohnungen in Bornheim bemühte sich die Stadt mit der ›Frankfurter Gemeinnützigen Baugesellschaft‹ seit dem 19. Jahrhundert. An der Dorfelder-, Gronauer- und Throner Straße entstanden 1902 großzügige Wohnhäuser.

Turm der Johanniskirche Der ganz dem fränkischen Barock verpflichtete, kunstvolle Kirchturm der Johanniskirche zeigt mit seinem Zwiebelhelm die Mitte des vormals reichsten Dorfes der Region an.

Bornheim

Johanniskirche, 1781

Zur Sonne und Bornheimer Rathaus, 1770

Mietshäuser Dorfelder Straße, 1902

Kontrastreiches Viertel mit Kiez Wo hört das Nordend auf, wo beginnt Bornheim? Über diese Frage können Frankfurter beim Ebbelwoi ganze Abende diskutieren, denn heutzutage geht das 1877 eingemeindete reiche Bauerndorf Bornheim, gleichsam eingeengt zwischen Nordend und Ostend, in die Straßenzüge beider Viertel über.

Hinzu kommt die Erschließung des bis in die 1920er Jahre gärtnerisch und landwirtschaftlich genutzten Bornheimer Hangs unter dem Baudezernenten Ernst May. Nachdem sich die städtischen Mietshäuser schon bis zum Alleenring vorgeschoben hatten, wurde das verwinkelte Fachwerkdorf Bornheim damals durch die moderne, weiße Siedlung des Neuen Bauens mit der avantgardistischen Heilig-Kreuz-Kirche von Martin Weber als städtebaulich wirksame ›Hangkrone‹ des Bornheimer Hangs in den Schatten gestellt. Wenn Bornheim unter einem Dilemma leiden sollte, dann ist es dies, dass es einerseits eines der beliebtesten Wohnviertel Frankfurts und andererseits schwer im Foto zu fassen ist.

Das liegt daran, dass dem alten Dorfkern städtebaulich übel mitgespielt wurde. Wer das Zentrum des vormals reichsten Bauerndorfes der Region finden will, muss der Berger Straße immer weiter stadtauswärts folgen: Jenseits des Bornheimer Fünffingerplätzchens, hinter städtebaulichem Chaos der Nachkriegszeit, findet man sie dann, ähnlich wie im benachbarten Seckbach, in Sachsenhausen oder – besser erhalten – in Niederursel: Die Reste des Fachwerkdorfes. In der schmalen, oft schattigen Berger Straße sind mehrere Fachwerkhäuser aus dem 18. Jahrhundert erhalten, auch wenn sie zuweilen nicht mehr bewohnt werden oder bis zur Unkenntlichkeit umgebaut und mit Klinkern verkleidet wurden. Neben dem beliebten Apfelwein-Gasthaus ›Zur Sonne‹ steht in der Berger Straße 314 ein heute privat bewohntes Fachwerkhaus: das alte Rathaus von Bornheim, das um 1770 mit einem hohen Satteldach mit Giebelgaube gebaut wurde.

Nicht weit entfernt von diesem bürgerlichen Zentrum steht die evangelische Pfarrkirche als geistlicher und gesellschaftlicher Mittelpunkt Bornheims: Nach wie vor zeigt der Kirchturm der Johanniskirche mit dem markanten Zwiebelhelm die Mitte Bornheims an. Die Kirche in der Großen Spillingsgasse bildete mit Pfarrhaus und Gemeindesaal das Dorfzentrum; wie die meisten Dorfkirchen wurde sie mehrfach umgebaut, erweitert, fiel einem Brand zum Opfer und wurde bis 1781 in den Formen des fränkischen Barock wieder aufgebaut. Ausführender Architekt war der Frankfurter Stadtbaumeister Johann Andreas Liebhardt, dessen Wirken in Frankfurt eng mit der Paulskirche verbunden ist.

Jakobskirche Das Zentrum Bockenheims bildete der Kirchplatz mit St. Jakob aus dem 14. Jahrhundert. Der Glockenturm entstand 1852.

Gremp'sches Haus Der alte Hof neben der Jakobskirche am Kirchplatz war fast 300 Jahre im Familienbesitz der Gremp von Freudenstein, die ihn 1592 in den Formen der Renaissance bauen ließen.

Leipziger Straße Die Leipziger Straße verbindet die Bockenheimer Warte mit dem Kirchplatz. Der Blick in die Markgrafenstraße zeigt die evangelische Markuskirche.

Bockenheimer Warte Heute liegt der Stadtteil Bockenheim genau in der geographischen Mitte der Stadt Frankfurt. Die Warte aus dem 15. Jahrhundert erinnert daran, dass Bockenheim ein Dorf im Westen war, zu dem die heutige Bockenheimer Landstraße führte.

Naturmuseum Senckenberg Seit 1819 besteht das naturkundliche Museum mit europaweiter Ausstrahlung, das sich, wie so vieles in Frankfurt, einem großzügigen Stifter verdankt, nach dem es benannt ist. 1907 bezog es diesen Neubau.

Bockenheim

Jakobskirche, 1356, 1852, 2005   Gremp'sches Haus, 1592   Leipziger-/Ecke Markgrafenstraße   Bockenheimer Warte, 1435

Bockenheimer Warte und Leipziger Straße Bockenheim ist ein sehr gemischtes Wohnviertel, geprägt durch viele junge Leute, die hier studieren, und alte ›Boggeheimer‹, mithin durch eine vielgestaltige Wohn- und Geschäftsstruktur, die sich stark auf die Leipziger Straße konzentriert. Anders als die Berger Straße, die Hauptachse des Nordends und Bornheims, leidet die Leipziger Straße in den vergangenen Jahren sichtbar darunter, dass alt eingesessene kleine Geschäfte ebenso wie das einzige Kaufhaus Bockenheims die hohen Mieten nicht mehr zu zahlen bereit sind und allmählich verschwinden.

Als Zentrum der 1895 eingemeindeten Stadt Bockenheim wirkt heute die Bockenheimer Warte mit einem großen Platz, der sich jeden Donnerstag durch den Wochenmarkt zu einem urbanen Treffpunkt entwickelt. Auf der anderen Seite der Bockenheimer Landstraße beherrscht das Bockenheimer Depot den großzügigen Freiraum. Diese Veranstaltungshalle der städtischen Bühnen wurde um 1900 als Wagenhalle für Straßenbahnen gebaut.

Universität und Senckenberg-Museum Neben dem Bockenheimer Depot steht die zurückhaltend und funktional gestaltete Stadt- und Universitätsbibliothek, von Ferdinand Kramer bis 1964 gebaut. Der 1898 in Frankfurt geborene Kramer, der im Hochbauamt unter Ernst May bereits in den 1920er Jahren die Stadtplanung mitbestimmt, Siedlungen wie Westhausen gebaut hatte und mit seinen Möbeln und dem berühmten ›Kramerofen‹ bekannt geworden war, kam auf Bitten des Rektors der Universität, Max Horkheimer, 1952 aus den USA zurück. Fast zehn Jahre, bis 1961, leitete Kramer das Universitätsbauamt und verlieh der Goethe-Universität mit mehreren Gebäuden mitsamt Ausstattung im kriegszerstörten Bockenheim ein modernes Gesicht. Zwischen Westbahnhof und Bockenheimer Warte, wo es viele Industriebetriebe gegeben hatte, blieben viele Trümmergrundstücke bis in die 1980er Jahre unbebaut.

Die Geschichte der Frankfurter Universität hatte kurz vor dem Ersten Weltkrieg hier, in Bockenheim begonnen: Ihre Gründung am 28. September 1912 verdankt sie dem zähen Verhandeln des Oberbürgermeisters Franz Adickes, dem es gelang, eine Reihe von Frankfurter Persönlichkeiten davon zu überzeugen, Stiftungskapital für die Universität zur Verfügung zu stellen. An diese Zeit erinnert noch das Jügelhaus, das Hauptgebäude der Universität, ein anspruchsvoller, damals bewusst in konservativer Formensprache gestalteter Akademiebau aus rötlichem Mainsandstein. Der Architekt L. F. M. von Neher hatte das Mannheimer Schloss vor Augen, als er hier 1906 eine Gruppe von ähnlichen Studiengebäuden schuf. In unmit-

Naturmuseum Senckenberg, 1907

telbarer Umgebung befinden sich der Physikalische Verein, die Senckenberg-Bibliothek und das Naturmuseum Senckenberg – seit hundert Jahren überregional ausstrahlende Institute, die sich dem Weitblick und der Großzügigkeit des Frankfurter Arztes Dr. Johann Christian Senckenberg verdanken. Er hatte 1817 die ›Senckenbergische Naturforschende Gesellschaft‹ und 1819 das Naturkundemuseum gegründet, das 1904 in den dafür von Neher konzipierten Neubau umzog und neben dem Berliner Museum für Naturkunde zu den wichtigen Forschungsstätten dieser Art in Deutschland zählt.

Bis 2015 sollen alle Bockenheimer Universitätseinrichtungen in den Campus Westend umgezogen sein, wo sich im ehemaligen I.G.-Farben-Hochhaus und der neuen Universitätsbebauung bereits die meisten Institute und Bibliotheken um den neuen Campus bündeln.

Der alte Ortskern um die St. Jakobskirche Von der Bockenheimer Warte, der Kontrollstation an der Landstraße aus dem 15. Jahrhundert, führt die Bockenheimer Landstraße schnurgerade auf die City mit dem Opernplatz zu, an dem Frankfurt bis vor etwa 120 Jahren endete. Der alte Ortskern von Bockenheim lag nicht hier, sondern am anderen Ende der Leipziger Straße und ist noch an einigen Gebäuden ablesbar: Der Ort wuchs um die St. Jakobskirche und den Kirchplatz herum. Die Jakobskirche entstand 1356 in spätgotischen Formen, wurde mehrmals umgebaut und erhielt 1852 von dem Bockenheimer Baumeister Brandt einen spätklassizistischen Glockenturm. Nach der Kriegszerstörung wurde die Kirche bis 1956 neu aufgebaut. Nachdem 1997 zwei evangelische Kirchengemeinden zusammengelegt wurden, baute das Darmstädter Architekturbüro Gottstein Architekten BDA im Jahr 2003 zunächst ein neues Gemeindehaus neben der Kirche, das in einer zweiten Phase bis 2005 mit der umgebauten Kirche zu einem einladenden Kirchenzentrum verbunden wurde. Die Umgebung wird von alten und neuen Wohnhäusern geprägt, hinter denen sich die Schrebergärten und der Niddapark anschließen.

Im Schatten der Jakobskirche steht das Gremp'sche Haus, ein Renaissancehof von 1592, der sich fast drei Jahrhunderte lang, bis 1859, im Besitz der Familie Gremp von Freudenstein befand. Heute wird das sanierte Anwesen von dem benachbarten St.-Elisabeth-Krankenhaus mitgenutzt, das auf dem Land der Gremps von Freudenstein gebaut wurde. Auf dem Krankenhausgelände liegt ein kleiner Park hinter der Backsteinmauer: Dort steht das klassizistische Landhaus von Samuel Passavant, das 1829 von dem bekannten Frankfurter Stadtbaumeister Friedrich Christian Hess errichtet wurde.

Kurfürstenplatz mit St. Elisabeth

Bockenheimer Depot Anfang des 20. Jahrhunderts gebaut als Straßenbahndepot, ist das platzbeherrschende Bockenheimer Depot heute ein Kulturzentrum für Ballett und Theater.

Adorno-Denkmal Zum hundertsten Geburtstag des großen Universitätsprofessors, der in unmittelbarer Nähe lehrte, wurde 2003 auf dem Theodor-W.-Adorno-Platz dieses Denkmal aufgestellt.

Villa Merton Die neobarocke Villa steht Am Leonhardsbrunn 12–14 im Diplomatenviertel. Sie verdankt sich Richard Merton, dessen Vater Wilhelm neben Franz Adickes 1912/14 Initiator der Universität war.

Kurfürstenplatz Wo der Gründer des Palmengartens, Franz H. Siesmayer, den Kurfürstenplatz anlegte und wo St. Elisabeth steht, lag ein Steinbruch. Von hier holten die Frankfurter ihr Baumaterial.

Bockenheimer Depot, um 1900

Adorno-Denkmal, 2003

Villa Merton, 1928

Der Schönhof Durch die starke Zerstörung Bockenheims im Krieg, die Bahnschienen und die breite Straßenführung der Schloßstraße, die über die Breitenbachbrücke führt und im weiteren Verlauf bei Hausen zur Ludwig-Landmann-Straße wird, ist die alte Dorfstruktur heute nur schwer ablesbar. Der Name Schloßstraße lässt erahnen, dass es in Bockenheim ein Schloss gab: Von diesem Barockschlösschen der Prinzessin Henriette Amalie von Anhalt-Dessau ist noch ein Teil des Bernus-Parks mit einem Weiher geblieben, heute Park für den Kindergarten in der Werrastraße und die Hochhausmieter. Wo im Sommer ein griechischer Biergarten lockt, lag ein Rittergut, das aus einer Wasserburg hervorgegangen war. Dieser Schönhof wurde an der Rödelheimer Straße um 1750 nach den Vorstellungen seines Besitzers Isaak d'Orville zum barocken Gut umgebaut. Unglücklicherweise brannte das Anwesen 1819 und wurde danach von N. A. Salins de Montfort klassizistisch ergänzt. Der prachtvolle Garten wurde leider durch die Straßenkreuzung an der Breitenbachbrücke zerstört – allerdings kennen viele den Gartentempel, den Friedrich Rumpf hier 1820 schuf, denn er wurde gerettet und wird im Grüneburgpark als Café weitergenutzt.

Während der eine Teil Bockenheims durch die Universität, die Leipziger Straße und städtische Wohnhäuser der Nachkriegszeit charakterisiert wird, dehnt sich zwischen Sophienstraße und Zeppelinallee das Diplomatenviertel mit seinen großzügigen, zuweilen von prominenten Architekten errichteten Villen aus. Hier unterhält die Universität auch verschiedene Gästehäuser. Von den ruhigen, breiten Straßen im Diplomatenviertel gelangt man direkt in den Grüneburgpark und den Palmengarten.

Der Kurfürstenplatz von Siesmayer Auf der anderen Seite der Leipziger Straße liegt der Kurfürstenplatz zwischen Großer Seestraße und Schloßstraße. Er wurde von dem in Bockenheim geborenen Stadtgärtner Franz Heinrich Siesmayer angelegt. Am Rande des Platzes steht die katholische Kirche St. Elisabeth, die 1868 in neugotischen Formen gebaut wurde. Die Mitte des Platzes wird von einem monumentalen Brunnen mit einem zehn Meter hohen Obelisken bestimmt – gestiftet von Bockenheimer Bürgern und 1914 eingeweiht. An der Platzgestaltung lässt sich die Stadtplanung des ausgehenden 19. Jahrhunderts erkennen, die bis zu den Zerstörungen im Zweiten Weltkrieg an vielen sternförmigen Straßenkreuzungen in Frankfurt ablesbar war – etwa auch an der Kreuzung Schloßstraße/Adalbertstraße. Heute ist dieser Verkehrsknoten von der Blockrandbebauung der städtischen Wohnungsbaugesellschaft ABG gerahmt, die hier in den frühen 1950er Jahren entstand.

St. Justinus Die Justinuskirche dürfte das älteste Gebäude in Frankfurt am Main sein. Sie gehört zu den sehr selten noch erhaltenen Kirchengründungen aus karolingischer Zeit und wird seit fast 1200 Jahren als Kirche genutzt.

Karolingisches Kapitell Der besondere Wert von St. Justinus besteht in dem karolingischen Kirchenraum mit den atemberaubend schönen Blattkapitellen und Kämpfern.

Niddamündung in Höchst Geschützt von der mächtigen Stadtmauer, dehnt sich hinter dem Schloss, der Justinuskirche und dem Bolongaropalast die Fachwerk-Altstadt aus.

Bolongaropalast Die dreiflügelige Anlage der italienischen Unternehmerfamilie Bolongaro bedient sich höfischer Repräsentationsformen, die sie in der Bürgerstadt Frankfurt so nicht hätte verwirklichen dürfen.

Höchst

St. Justinus   Karolingisches Kapitell   Niddamündung in Höchst

Strategisch wichtiger Ort am Main Wer mit dem Rad oder zu Fuß die Nidda entlang nach Frankfurt-Höchst kommt, kann nur ins Schwärmen geraten: Unterhalb der mächtigen Stadtsilhouette mit Barockbauten schaukeln Hausboote im Main; eine Fähre tuckert gemächlich auf die andere Mainseite, wo sich Felder, Wiesen und Pferdekoppeln ausdehnen – das soll Frankfurt sein? Ja, auch das ist Frankfurt, seit 1928.

Höchst ist aus vielerlei Gründen ein spezieller Stadtteil, denn Höchst war kurz vor der Eingemeindung wenige Generationen lang eine zwar winzig kleine, jedoch außerordentlich wohlhabende Stadt, die ihren Reichtum der chemischen Industrie verdankte.

Bereits unter Kaiser Augustus als römisches Kastell gegründet, wundert es nicht, dass der Mainzer Erzbischof an dieser strategisch wichtigen Stelle hoch oben am Steilufer des Mains bereits im 9. Jahrhundert eine dem heiligen Justinus geweihte Kirche gründen ließ, die größer war als der bestehende karolingische Kirchenbau in Frankfurt, aus dem später der Dom hervorging.

Die karolingische Justinuskirche Die wenigen Kirchen in Deutschland, in denen bis heute der karolingische Raumeindruck des 9. Jahrhunderts erkennbar ist, kann man an einer Hand abzählen; zu diesen Raritäten gehört die Pfarrkirche St. Justinus in Höchst. Von außen sieht man der Kirche den frühromanischen Bau, der noch in ihr steckt, nicht an: Hoch über dem Main gelegen, erscheint St. Justinus heute als spätgotische Basilika mit mächtigen Dächern. Bereits aus der Ferne dominiert der gotische Chor mit seinem steilen, das Mittelschiff überragenden Dach den Gesamteindruck.

Bevor man St. Justinus betritt, sollte man die gotischen Details nicht übersehen, denn der Außenbau verdankt sich einem anspruchsvollen Umbau seit den 1430er Jahren, für den man die besten Steinmetzen der Gegend verpflichtete. Das raffinierte Maßwerk am Nordportal, an den Fenstern und am Chor wird stilistisch mit dem einflussreichen Frankfurter Baumeister Madern Gerthener und seinen Nachfolgern Stephan von Irlebach und Peter Wale in Verbindung gebracht. Der bereits erwähnte Madern Gerthener, dem Frankfurt den Domturm und wahrscheinlich auch den Chor von St. Leonhard verdankt, beeinflusste mit seinen phantasievollen Maßwerk-Formfindungen noch Jahrzehnte nach seinem Tod die so genannte Frankfurter Bauhütte.

In diesem, von außen gotischen Kirchenbau steckt noch die karolingische Justinuskirche. Sie entstand seit 834 im Auftrag des Erzbischofs Otgar von Mainz, nachdem dieser in Rom eine bedeutende Reliquie, die Gebeine

Bolongaropalast, 1772–1780

des heiligen Justinus, für Höchst gewinnen konnte. Nach einigen Generationen war diese erste Justinuskirche sanierungsfällig; ihre Wiederherstellung übertrug der Hausherr, der Mainzer Erzbischof, den Benediktinern von St. Alban in Mainz; die Mönche ließen St. Justinus zwar reparieren und richteten dort eine Propstei ein, brachten jedoch später die wertvollen Justinusreliquien in ihr Mutterhaus nach St. Alban. Nunmehr ohne ihren alten Schutzpatron, wurde die Kirche 1298 der heiligen Margaretha geweiht. Nach wechselvollen Jahrhunderten als Kollegiatsstift, Kirche des Antoniterklosters und Pfarrkirche wird sie erst seit dem späten 19. Jahrhundert wieder St. Justinus genannt. Bei der Restaurierung im Jahr 1976 stellte man fest, dass die Mauern trotz aller Umbauten zu einer einzigen Bauphase gehören – zweifelsfrei datieren lassen sie sich allerdings nicht. Seit 2009 ist St. Justinus abermals ›in restauro‹.

Die zweitälteste Porzellan-Manufaktur Bis zum 14. Jahrhundert hatte sich Höchst zu einer Kleinstadt mit maximal tausend Einwohnern gemausert. Durch ihre Lage an der Mündung der Nidda in den Main war die Zollstadt Höchst jahrhundertelang, bis zur Aufhebung der geistlichen Kurfürstentümer im Jahr 1803, für die Mainzer Erzbischöfe und Kurfürsten ein wichtiger Stützpunkt gegenüber der reichsfreien Stadt Frankfurt. Seit 1816 gehörte Mainz zum Großherzogtum Hessen-Darmstadt. Noch 1863 wohnten nur 2500 Menschen in der Stadt Höchst.

Im 18. Jahrhundert zogen viele Einwanderer hierher, vor allem italienische Kaufleute und Bankiers wie die Tabakfabrikanten-Familie Bolongaro, die sich den gleichnamigen, 117 Meter langen Palast errichten ließ. Seit 1746 besteht in Höchst die von Frankfurter Kaufleuten gegründete, berühmte Porzellanmanufaktur, die 1776 zur kurfürstlichen Manufaktur aufstieg. Damit ist die Höchster Porzellan-Manufaktur, die heute im Neuen Porzellanhof von 1906 produziert, neben Meißen die zweitälteste im heutigen Deutschland.

Mit der Gründung der Höchster Farbwerke begann 1863 der rasche Aufstieg der bis dahin weitgehend aus Fachwerkhäusern bestehenden kleinen Stadt. Abgesehen vom schnellen Aufstieg der chemischen Industrie, wurde Höchst überdies für seine Möbel- und Metallindustrie bekannt. Die Farbwerke selbst hatten bis 1916 in der so genannten ›Alten Colonie‹ 456 Wohnungen für ihre Werksangehörigen bauen lassen, doch es zeichnete sich ab, dass der Siedlungsraum im engen Rhein-Main-Gebiet immer dichter wurde. Deshalb verfolgte der Höchster Stadtrat mit Nachdruck eine Eingemeindungspolitik –

Burggraben Der Burggraben, der schon seit 1665 trocken gelegt ist, erinnert daran, dass das so genannte Höchster Schloss eigentlich eine Zollburg der Erzbischöfe von Mainz war. Heute wird die Anlage von der Deutschen Stiftung Denkmalschutz unterhalten.

Schlossplatz Ein beliebtes Ausflugsziel sind die Gartenlokale auf dem Höchster Schlossplatz, der von stattlichen Fachwerkhäusern gefasst und von einer unter Naturschutz stehenden Eiche beschattet wird.

Höchster Schloss Weithin sichtbar ist der schlanke, schneeweiße runde Schlossturm aus dem 14. Jahrhundert. Die heutigen Schlossgebäude haben eine wechselvolle Baugeschichte und sind meist im 15. bis 17. Jahrhundert entstanden. Die Anfänge der weitläufigen Anlage reichen allerdings bis zu einer ottonischen Turmburg zurück, die in staufischer Zeit erweitert wurde.

Burggraben

Schlossplatz

und dies noch, kurz bevor Höchst selbst zu Frankfurt eingemeindet wurde: Zum Landkreis Höchst gehörten die Orte Schwanheim, Griesheim, Nied und Sossenheim, wodurch Höchst in kurzer Zeit auf 15 000 Einwohner wuchs.

Auch die größere Nachbarstadt Frankfurt war zu dieser Zeit eine prosperierende Stadt mit ähnlichen Problemen: Sie brauchte dringend Wasserbrunnen und preiswertes Bauland, denn nach Osten, am Main entlang, konnte sich Frankfurt nicht mehr ausdehnen, da hier das preußische Staatsgebiet endete. So blieb nur der weitgehend von Wald und Wiesen beherrschte Westen. Der Schwanheimer Wald bot das Wasserreservoir, auf das Frankfurt ebenso spekulierte wie Höchst, und Nied besaß das Gelände für den zukünftigen Flughafenausbau.

Die Eingemeindung von Höchst in die Stadt Frankfurt ist dem Oberbürgermeister Ludwig Landmann zu verdanken, der durch seinen Stadtkämmerer Bruno Asch, vormals Bürgermeister von Höchst, unterstützt wurde. Mit der Eingemeindung reagierte Landmann auf die Probleme beider Städte in wirtschaftlich schweren Zeiten, zumal die Farbwerke mittlerweile den Umzug in das größere Frankfurt mit dem neuen Osthafen geplant hatten. Um gegenüber der internationalen Konkurrenz zu bestehen, hatten sich mehrere Chemiefirmen 1925 zu Europas größtem Chemiekonzern verbunden, der ›Interessengemeinschaft‹ I.G.-Farbenindustrie AG. Die Firmen zogen 1930 in ihre neue Zentrale im Frankfurter Westend um. Nach dem Zweiten Weltkrieg unterstützten die Farbwerke Höchst über Jahrzehnte hinweg die Sanierung der historischen Bausubstanz von Höchst; sie unterhielten und förderten das Schloss ebenso wie die Porzellan-Manufaktur.

Charmantes Ausflugsziel mit Sorgen Wer auf dem Höchster Schlossplatz im Schatten der Fachwerkhäuser schon einmal seinen ›Schoppen gepetzt‹ hat, wird gesehen haben, dass sich viele Sorgen, die Höchst drücken, im Straßenbild niedergeschlagen haben. Während die Stadtsilhouette zum Main hin mit stattlichem Barock glänzt, dehnt sich dahinter entlang der Bolongarostraße die Fachwerk-Altstadt aus. Mehr als die Hälfte der Höchster sind deutsche Staatsbürger, deren Eltern oder Großeltern einst als Arbeiter für die Industrie in Höchst aus der Türkei angeworben worden waren. Viele von ihnen wohnen in Fachwerkhäusern, denen man den Sanierungsstau von Jahrzehnten ansieht. Oft ist wertvolle Bausubstanz durch unsachgemäße, von Geldmangel und Unkenntnis geprägte Umbauten fast schon verloren. Dabei steht im Eingemeindungsvertrag von 1928, dass die Stadt Frankfurt für Baudenkmalpflege und Kultur in Höchst zuständig ist – doch dazu braucht sie Steuereinnahmen von der Industrie.

Verwaltungsgebäude von Peter Behrens für die Hoechst AG, 1924

Verwaltungsgebäude von Peter Behrens
Der markante Uhrenturm und die Fußgängerbrücke gaben die Vorlage für das Firmenzeichen der Hoechst AG, das von 1947 bis 1997 verwendet wurde. Behrens hatte ein Tor zum Werk und zur Stadt Höchst geschaffen.

Lichthof des Verwaltungsgebäudes
Die in vielfarbigen Backsteinen schimmernde Kuppelhalle verbindet handwerkliche Tradition mit moderner expressiver Architektursprache der 1920er Jahre.

Jahrhunderthalle Anlässlich des hundertjährigen Bestehens der Hoechst AG (von 1863 bis 1963) entwarf der Architekt Friedrich Wilhelm Kraemer 1961 bis 1963 eine spektakuläre Kuppelkonstruktion. Die nur 13 Zentimeter dünne Kuppelschale aus Ortbeton wird von sechs durch einen Ringanker verbundene Stützen gehalten.

Lichthof des Verwaltungsgebäudes

Jahrhunderthalle, 1963

Peter Behrens baut ab 1920 für die Hoechst AG
Wie erwähnt, zogen die I.G.-Farben, der seinerzeit größte Chemieriese der Welt, 1930 in ihre neue Hauptzentrale ins Frankfurter Westend um, in das schlossähnliche I.G.-Farben-Hochhaus von Hans Poelzig. Wie rasant sich der Aufstieg des Konzerns vollzogen hatte, zeigt sich nicht zuletzt in diesem Umzug. Immerhin war die Hoechst AG erst sechs Jahre zuvor, ein Jahr vor dem Zusammenschluss zur I.G.-Farben im Jahr 1925, in ein spektakuläres, 168 Meter langes Verwaltungsgebäude in Höchst umgezogen. Als Architekten für diese gebaute Visitenkarte der Firma an der Brüningstraße, der damaligen Hauptverbindung von Höchst nach Frankfurt am Main, hatte man Peter Behrens, gleichsam den damaligen Star-Architekten der Großindustrie, verpflichtet.

Mit Behrens hatte die Hoechst AG eine gute Wahl getroffen: Der so genannte Behrens-Bau mit seinem theatralischen Lichthof wurde schon damals als atemberaubendes Kunstwerk wahrgenommen und gilt als Inkunabel der modernen Architektur. Behrens schuf zwischen 1920 und 1924 ein expressionistisches Repräsentationsgebäude aus Backstein. Da dieses Baudenkmal nach wie vor als Verwaltungsgebäude im vier Quadratkilometer großen Industriepark Höchst dient, ist der Zutritt lediglich im Rahmen von Gruppenführungen möglich.

Raffiniert gestaltete Behrens den lang gestreckten, leicht abgeknickten Außenbau mit einem markanten Uhrenturm und einer Brücke, die über die Straße in den älteren Gebäudeteil von 1893 leitet; Höhepunkt und Herzstück der Architektur ist das über alle Geschosse reichende Treppenhaus, dessen zentraler Lichthof mit großem handwerklichen Geschick aus vielfarbigen Backsteinen aufgemauert wurde. Wie Stalaktiten in einer Tropfsteinhöhle wirken die schillernden, vielfach abgetreppten Pfeiler, die den Blick der Besucher emporziehen und an eine gotische Kathedrale erinnern. Aus der Höhe fällt Licht durch die gläserne Kuppel in das Treppenhaus, dessen Geschosse nach oben immer niedriger werden und dadurch die Steilheit und Feierlichkeit steigern.

Die Jahrhunderthalle Nördlich des Industrieparks Höchst, zwischen den Stadtteilen Unterliederbach und Zeilsheim, steht gleichsam auf der grünen Wiese, nämlich auf der Pfaffenwiese, seit 1963 eine baugeschichtliche Ikone der 1960er Jahre: die Jahrhunderthalle. Auch nach fast einem halben Jahrhundert hat die flache Kuppelkonstruktion nichts von ihrer damaligen Modernität eingebüßt. Mit einem Durchmesser von hundert Metern bietet sie eine einzigartige Akustik und ist deshalb bei Konzerten sehr beliebt.

Wohnen in der Stadt des 20. Jahrhunderts

Das Neue Frankfurt Wer heute, im frühen 21. Jahrhundert, in Frankfurt am Main wohnt, lebt städtebaulich gesehen in einer Stadt des 20. Jahrhunderts. Und wer mit dem vergangenen Jahrhundert vor allem zwei Kriege verbindet, hat damit die beiden Zäsuren in der Stadtplanung erfasst: Nach jedem der beiden Kriege wurden große Stadtplanungsprogramme umgesetzt, so dass sich Frankfurt schubweise ausdehnte. Der größte Teil des Stadtgebietes besteht heute aus eingemeindeten alten Ortschaften, an die man seit dem frühen 20. Jahrhundert planmäßig viele Siedlungen und Gartenstädte im Grünen anband. Den stärksten Impuls gab dabei das ›Neue Frankfurt‹, der kommunale Siedlungsbau der 1920er Jahre unter Stadtbaurat Ernst May: Sogar an Neubaugebieten wie dem Riedberg ist heute der Einfluss von May erkennbar.

Grundsätzlich war das Gros der europäischen Architekten-Avantgarde nach dem Ersten Weltkrieg von einem sozialen Gedanken beflügelt: Man wollte bessere Wohnungen für die wachsende Einwohnerzahl in den Großstädten schaffen. Sprachlich äußerst sich das darin, dass man vom ›Neuen Menschen‹ sprach, dem das ›Neue Bauen‹ dienen sollte. So wie die Architekten die Wohnküche abschaffen und den Kochvorgang von einem sauberen, aufgeräumten Ess- und Wohnraum fernhalten wollten, so wird im damaligen Städtebau das Wohnen im Grünen vom Arbeitsplatz getrennt. Damals setzte man der drangvollen Enge in der Frankfurter Altstadt ›Licht, Luft und Sonne‹ entgegen. Und obwohl das Ausmaß der Bebauung von Feldern und Wiesen mittlerweile, mit weiterhin steigender Einwohnerzahl, kritisch gesehen wird, entstehen vor allem im Nordwesten Frankfurts großflächige neue Stadtteile.

Ludwig Landmann schafft die Voraussetzungen Die Ausdehnung Frankfurts durch große Wohnungsbauprogramme war nur möglich, weil der preußische Landtag vor dem Ersten Weltkrieg mehrere Gesetze zur Erweiterung des Stadtgebietes verabschiedete. Die Stadt brauchte dringend billiges Bauland, um die Wohnungsnot zu lindern. Längs des Mains gab es keine freien Flächen mehr, weder für die wachsende Industrie, noch für Siedlungen. So wurden 1928 zu Frankfurt eingemeindet: Fechenheim, die Stadt Höchst und die Orte Griesheim, Nied, Sossenheim und Schwanheim, die zuvor wenige Jahre zum Landkreis Höchst gehört hatten. Schwanheim war der größte Grundbesitzer, Griesheim wurde gebraucht, um die Bahnanlagen und den Flughafen zu erweitern.

Das Neue Bauen wird in Frankfurt mit der nur fünf Jahre andauernden ›Ära May‹ gleichgesetzt. Doch selbst eine durchsetzungsfähige Persönlichkeit wie May konnte in derart kurzer Zeit nur deshalb rund 20 Siedlungen mit mehr als 12 000 Wohnungen realisieren – und dazu noch sechs Schulen, Kirchen, Krankenhäuser, ein Altenheim, Ämter, Bürohäuser, Friedhöfe und die Großmarkthalle – weil vorher ungewöhnliche politische und personelle Maßnahmen umgesetzt worden waren: Diese wurden durch den weitblickenden Frankfurter Oberbürgermeister Ludwig Landmann geschaffen, der sich seinerseits als Stadtkämmerer Bruno Asch holte, den ehemaligen Bürgermeister der Stadt Höchst. Seit 1917 zunächst Dezernent des Wohnungsamtes, kannte Landmann die unerträgliche Wohnungsnot genau; 1919 übernahm er das Wirtschaftsamt, 1924 wurde der tatkräftige Linksliberale zum Oberbürgermeister gewählt. Landmann, Asch und May sorgten damit für das größte Siedlungs- und Bauprogramm, das Frankfurt je gesehen hatte.

Landmann ermöglichte nicht nur, dass eine internationale Avantgarde für Frankfurt baute, sondern die Stadt verdankt seinen Visionen vieles, das heute selbstverständlich erscheint: Er erkannte bereits die Bedeutung der geplanten Autolinien, die man später Autobahn nennen sollte, und sorgte dafür, dass sich die A3 und die A5 in Frankfurt kreuzen. Landmann machte die Stadt zum internationalen Messeplatz und eröffnete 1926 den Rebstockflughafen.

Zu dieser Zeit appellierte auch Martin Wagner, Stadtbaurat in Berlin, an die Eigenverantwortlichkeit der Baubeamten. Wagner forderte umfassend gebildete Planer und Künstler, die technisch und bauphysikalisch ausgebildet waren, um die Dienstwege zu verkürzen, also klare Verantwortlichkeiten von oben nach unten zu definieren; jeder städtische Architekt sollte direkt für seine Baustelle zuständig sein. Auf Betreiben Wagners und anderer Fachleute richtete Preußen im Mai 1918 eine oberste Behörde für das Wohnungs- und Siedlungswesen ein. Im gleichen Jahr wurde ein Wohnungsgesetz verabschiedet, das den Gemeinden mehr Spielraum ließ, und überdies stellte der preußische Staat einen Fonds zur Verfügung. In kurzer Zeit verabschiedete die Regierung eine Serie von Gesetzen als Grundlage für die Neuordnung des Wohnungsbaus. Entscheidend war dabei das Reichsheimstättengesetz von 1920, das es erheblich leichter machte, Einfamilienhaussiedlungen mit Gärten zu realisieren.

Zugleich und vor allem setzte das Ministerium auf die systematische Erprobung von Rationalisierungsverfahren, ließ Methoden der Typisierung und Normierung auf Großbaustellen untersuchen, um schneller und preiswerter bauen zu können – und genau dieser Aspekt deckte sich mit den Ideen der Architektur-Avantgarde jener Zeit, mit den Zielen des Werkbundes und des Bauhauses, mit führenden Köpfen wie Walter Gropius und Ernst May.

Eisenbahnersiedlung Wie bei einem Dorf verläuft die schmale Straße ›Grüne Winkel‹ in großzügigem Schwung und weitet sich zu einem kleinen Platz. Die Sorgfalt, mit der selbst in der Notzeit nach dem Ersten Weltkrieg ab 1918 städtebauliche Räume gestaltet wurden, vermittelt Schutz und Privatheit.

Eisenbahnersiedlung Die Hauseingänge der Straße ›Taunusblick‹ liegen auf der Gartenseite. Mittlerweile haben die Mieter und Eigentümer ihre ehemaligen Waschhäuser zu Gartenhäuschen umgenutzt.

Colonie Zeilsheim Etwa zur gleichen Zeit wie die Eisenbahnersiedlung bauten die Farbwerke Höchst eine Gartenstadt für ihre Mitarbeiter. Zu jeder der damaligen Siedlungen gehören Schulen, Geschäfte und Kirchen.

Siedlungen im Grünen

Eisenbahnersiedlung, Straßenzug ›Grüne Winkel‹   Eisenbahnersiedlung, Gartenseite

Die Firmen selbst bauten Siedlungen Was fortschrittliche Kräfte wie Landmann damals auf politischer Ebene in der Weimarer Republik forderten, war eine Reaktion auf die Not und die sozialen Umbrüche in Folge des Wirtschaftswachstums. Am Rande von Frankfurt hatte sich seit den 1870er Jahren die chemische Industrie niedergelassen. Die schnell wachsenden, erfolgreichen Firmen reagierten mit Werkswohnungen und Siedlungen auf den gestiegenen Wohnungsbedarf, um ihre Facharbeiter langfristig an die Firma zu binden. Da die Industrie grundsätzlich große Flächen braucht und sich daher nur außerhalb der Altstadt, jedoch in Flussnähe niederlassen kann, genossen damals viele Arbeiter im Unterschied zu den Bewohnern der Altstadt den Vorzug, im Grünen wohnen zu können.

Das Vorbild für die meisten Frankfurter Arbeitersiedlungen waren die von England ausgehenden Konzepte der Gartenstädte. So entstanden im Westen Frankfurts, bei den Werken Griesheim und Höchst, und im Osten der Stadt, in Fechenheim, neue Baugruppen und Siedlungen. Bis heute sind diese Wohngebiete sehr begehrt, denn das Ideal des bürgerlichen Einfamilienhauses im Grünen hat sich kaum gewandelt; beliebt waren damals Doppelhaustypen mit Selbstversorger-Gärten, zu denen oft kleine Ställe für private Tierhaltung gehörten, etwa für Kaninchen oder Hühner. Aus den Ställen sind mittlerweile Gartenhäuschen und Grillplätze geworden, aus den Nutzgärten und Bleichwiesen oft Ziergärten mit Spielgeräten und Sandkästen für Kinder.

Für die Frankfurter waren Doppel- und Reihenhäuser grundsätzlich nichts Ungewöhnliches; man erinnere sich an die erwähnten klassizistischen Zeilenbauten unter Stadtbaumeister Hess, oder an die großbürgerlichen Wohngegenden des 19. Jahrhunderts, wie das Westend. Auch dort hatten Unternehmer mit dem Bauboom nach der Reichsgründung 1871 Villen in Reihen gebaut – im Unterschied zu den kleinen Arbeiterhäuschen selbstredend mit hohem Komfort, zuweilen mit acht bis zehn Zimmern, mit Bädern, Wintergärten und Balkonen ausgestattet und von Ziergärten umgeben. Für die Villen gilt dennoch das gleiche Prinzip wie für die Arbeiterhäuser: Um sie möglichst preiswert anbieten zu können, entwarf man mehrere mit gleichen oder gespiegelten Grundrissen. Die frühen Frankfurter Arbeitersiedlungen in Zeilsheim und Höchst übertrugen das Prinzip der Reihung im frühen 20. Jahrhunderts in einen verkleinerten Maßstab und wurden damit zu Vorreitern des Neuen Bauens der 1920er Jahre.

Colonie Zeilsheim

Die Colonie Zeilsheim Nur mit billigem Bauland konnte die Stadt Frankfurt der Wohnungsnot begegnen; wie es finanziell möglich war, in kürzester Zeit höchst anspruchsvolle Siedlungen zu bauen, hatte Landmanns Stadtkämmerer Bruno Asch bereits in Höchst gezeigt: Nach dem Vorbild englischer Gartenstädte wurde in Zeilsheim – aus diesem Grunde erst 1917 zu Höchst eingemeindet – eine große Arbeitersiedlung gebaut, geplant und finanziert durch die firmeneigene Wohungsbaugesellschaft der Farbwerke Höchst. Diese ›Siedlung Colonie‹, auch Neu-Zeilsheim genannt, entstand bis 1925 in mehreren Bauabschnitten: Bis 1916 war die so genannte Alte Colonie mit 456 Wohnungen zwischen Pfaffenwiese und Klosterhofstraße fertig, nach 1925 entstanden weitere 154 Wohnungen in der so genannten Neuen Colonie.

Die Eisenbahnersiedlung in Nied Auch den Arbeitgebern der Eisenbahner war es ein Anliegen, ihre Mitarbeiter gut zu behandeln und sie zu binden, indem sie ihnen preiswerte Wohnungen zur Verfügung stellten: Die Königlich-Preußische Lokomotivhauptwerkstätte ließ ab 1918, und damit fast zeitgleich mit der Colonie Zeilsheim, von Schelling & Weifel in Nied, unweit der Nidda-Auen, eine Gartenstadtsiedlung auf hufeisenförmigem Grundriss bauen. Einer planmäßigen Stadt des Barock ähnlich – mit Außenmauer, Marktplatz, Kirche, Bäcker und Metzger –, so erschließt sich auch die Eisenbahnersiedlung durch das 1921 als großzügiger Stadteingang gebaute Tor am Neumarkt. Die Häuser einschließlich Schule und Kirche entstanden in mehreren Bauabschnitten zwischen 1918 und 1933. Bis 1930 waren die Doppelwohnhäuser für jeweils vier Familien fertig, die den Alltagsbedürfnissen der Arbeiterfamilien durch gemeinsame Waschküchen entgegen kamen; Ställe unterstützten die Familien bei der Selbstversorgung mit Eiern und Fleisch. Der Charme der denkmalgeschützten Siedlung verdankt sich den erhaltenen Details und der einheitlichen Farbgebung der Häuserzeilen.

Die erste Siedlung in Frankfurt, die nach dem eingangs erwähnten Reichsheimstättengesetz von 1920 realisiert wurde, war die Kuhwaldsiedlung, die bis 1922 entstand. Dort wurden zum ersten Mal die neuen Leitsätze zur Erschließung von Siedlungen maßgebend, die Wohnsammelstraße, eine Vorform der Wohnstraße in der Zeilenbauweise, die wenige Jahre später für die Frankfurter Siedlungen unter May bestimmend wurde. In vielen Stadtteilen gibt es grüne Siedlungen wie die hier exemplarisch erwähnten – mit anspruchsvollen Zeilenbauten oder Doppelhäusern, gebaut in Zeiten großer Finanzprobleme.

Siedlung Praunheim Diese erste und größte May-Siedlung erschließt sich beidseits der Ludwig-Landmann-Straße, südlich der Heerstraße in Höhe der Endhaltestelle der U6. Die begrünten Laubenganghäuser von 1926 stehen unter Denkmalschutz.

Damaschkeanger Ambitionierte Eigentümer orientieren sich bei der Sanierung der Häuser von 1926 an der damaligen Farbgebung. Typisch May: Hinter den Hausgärten folgt ein Streifen mit Schrebergärten, dann eine siedlungseigene Wiese – hier die Adlerwiese – dann der Niddapark, Teil des Grüngürtels.

Frankfurter Küche In einigen Häusern der May-Siedlungen haben liebevoll restaurierte Küchen – diese in Praunheim ist vier Quadratmeter groß – alle Modewellen überlebt.

Ernst May und das Neue Frankfurt

Siedlung Praunheim, Ludwig-Landmann-Straße, ab 1926

Praunheim, Damaschkeanger, Gartenseite

Siedlungsbau der Stadt Frankfurt Während auf der einen Seite expandierende Firmen wie Höchst im frühen 20. Jahrhundert Siedlungen für ihre Mitarbeiter bauten, war andererseits vor allem die Kommune selbst gefordert, denn die Liste der Wohnungssuchenden wurde Anfang der 1920er Jahre täglich länger. Nach dem Ersten Weltkrieg zog eine Stadt wie Frankfurt viele Menschen an, die in völlig überbelegten Miethäusern ohne Bad und Toilette lebten. Um diese Zustände zu verbessern, holte sich der 1924 zum Oberbürgermeister gewählte Ludwig Landmann gleich 1925 als Stadtbaurat den erfahrenen Stadtplaner Ernst May, einen gebürtigen Frankfurter, der in Breslau Siedlungen baute. Weil es galt, keinen Tag zu verlieren, sorgte der Oberbürgermeister pragmatisch dafür, dass May sich seine Mitarbeiter selbst aussuchen durfte und die Informations- und Verantwortungskette in der Stadtverwaltung von oben nach unten so kurz wie nie zuvor war.

Die Frankfurter Küche löste Mays Problem May wiederum holte sich 1925 Martin Elsaesser als Baudirektor, der seinerseits gleichgesinnte Architekten mitbrachte. Der Frankfurter Eugen Kaufmann wurde zum Leiter der wichtigen ›Abteilung T‹ berufen. Das ›T‹ steht für Typisierung im Wohnungsbau. Unter Kaufmann fing im Januar 1926 die 30-jährige Wienerin Margarete Lihotzky an, deren Einfluss als ›Erfinderin‹ der Frankfurter Küche nicht hoch genug eingeschätzt werden kann. Denn erst diese in Serie gefertigten Küchen lösten das Problem des winzigen Küchenraumes und lieferten die ›Marke‹ für das Neue Bauen. Nur mit dieser eingebauten Küche, die mit einer zusätzlichen Mark im Mietpreis abgedeckt war, konnte die Stadt die Wohnungen preiswert vermieten. Desweiteren holte May für die Bauberatung Adolf Meyer, für die Stadtplanung Herbert Boehm, für Drucksachen und Werbung den Grafiker und Maler Hans Leistikow. Gartenbaudirektor Max Bromme blieb im Amt und setzte mit dem von May aus Schlesien mitgebrachten Leberecht Migge das Grünflächenprogramm weiter fort.

Landmann hatte mit neuen Steuergesetzen die politischen Weichen gestellt – May setzte die Vorgaben zwischen 1925 und 1930 baulich um. Dann ging May mit 21 Mitarbeitern in die UdSSR. Die in Frankfurt verbliebenen Architekten wie Ferdinand Kramer bauten die begonnenen Siedlungen fertig.

12 000 Wohnungen in fünf Jahren Rückblickend erfüllte May in Frankfurt in diesen fünf Jahren das Doppelte der Vorgaben: Sein Dezernat plante und baute mehr als 12 000 Wohnungen und Häuser – und zwar von Avantgarde-Architekten, alle im Grünen um die alte Stadt

Frankfurter Küche, 1926

herum angeordnet, jede Wohnung mit eigenem Bad ausgestattet. Die Siedlung Römerstadt konnte 1928 als erste voll elektrifizierte Siedlung Deutschlands bezogen werden. Außerdem waren alle Siedlungen bestens an die Kernstadt angebunden; heute erreicht man die City in kaum zehn Minuten mit U-Bahn oder Straßenbahn.

Wer 1925 bei der Stadt anfing, war weit entfernt von einem Routinejob in der Verwaltung. Unter den Architekten herrschte Aufbruchstimmung und konzentrierte Betriebsamkeit, denn es ging um nichts geringeres als um eine Revolution des Wohnens. Die etwa 40 Architekten, Künstler, Gartengestalter, Farbspezialisten und Grafiker standen unter enormem Druck. Sie sollten so schnell wie möglich viele Wohnungen bauen – und zwar schöne, im Grünen und zugleich stadtnah gelegen, und natürlich so preiswert wie möglich, denn sie bauten für die Stadt. Diese Vorgaben konnten sie nur erfüllen, indem sie für die Häuser Typen fanden und möglichst viele Bauteile standardisierten – und das in einer Zeit, in der man auf Baustellen noch völlig traditionell arbeitete. Ein Merkmal des Neuen Bauens wurde das Flachdach, das von Anfang an die Gemüter erhitzte; May bestand jedoch darauf, aus ökonomischen, funktionalen und ästhetischen Gründen.

Mays Siedlungen besitzen städtebauliche Qualitäten, die nach acht Jahrzehnten noch genauso modern sind wie 1926 – und auf die sich hochpreisige Neubauten, etwa am Riedberg oder in Kalbach, beziehen. Mays Siedlungen lagen von der ersten Planung bis zur Übergabe ganz in der Verantwortung der Stadt, während die Stadt heute oft nur parzelliertes Bauland für unterschiedliche Investoren freigibt. Dadurch waren Mays Architekten für die Durchgestaltung jedes Details verantwortlich, von den Leuchten bis zum Briefkasten, zum Klingelschild und zur Typografie der Hausnummern. May hatte sich eingehend mit den in England seit Ebenezer Howard bekannten Gardencities befasst und im Büro des Londoner Architekten Sir Raimond Unwin gearbeitet. Beeindruckt von diesen Konzepten plante May für Frankfurt Trabantenstädte im Grünen, im Unterschied zu den englischen Gartenstädten jedoch mit Anbindung an die alten Dörfer: Man denke etwa an Mays erste Siedlung in Praunheim, die seit 1926 an das Dorf Praunheim mit seiner Barockkirche anschließt.

Mays Dezernat lag in der größten gotischen Altstadt Deutschlands, von der damals niemand ahnte, dass sie 1944 im Feuersturm untergehen werde. Für May war 1925 klar, dass die Altstadtsanierung warten musste, denn die Frankfurter brauchten Wohnungen. Es war eine klare politische Entscheidung, dass die Stadt Frankfurt in den 1920er Jahren dem Neubau kommunaler Siedlungen den Vorrang vor der Sanierung historischer Bausubstanz gab.

Zickzackhausen, 1926–1927

Siedlung Bruchfeldstraße Die Straßenzüge und der Innenhof machen klar, warum die Siedlung im Frankfurter Volksmund Zickzackhausen genannt wird – der Grundriss war 1926 etwas völlig Ungewohntes, Modernes.

Begrünter Innenhof Zur Attraktivität der lichtdurchfluteten städtischen Wohnungen trägt ein großer, begrünter Innenhof bei, der von den Mietern zum Sonnen, Spielen und Wäschetrocknen genutzt wird.

Zickzackhausen Selbst bei kleinstem finanziellen Spielraum dachten die Architekten der Stadt 1926 an Dachterrassen, Ateliers für Künstler und ein großes Kinder-Plantschbecken im autofreien Innenhof.

Siedlung Bruchfeldstraße

Begrünter Innenhof

Typisierte Gartenstadt ›Dribbdebach‹ Während sich die drei größten May-Siedlungen – Praunheim, die Römerstadt und Westhausen – im Nordwesten entlang der Nidda ausdehnen, entstanden auch südlich des Mains, eben ›Dribbdebach‹, wie Frankfurter sagen, May-Siedlungen in Sachsenhausen und den eingemeindeten Stadtteilen wie Niederrad und Schwanheim.

Die Frankfurter fanden für Vieles Namen, was ihnen das Neue Bauen an Unbekanntem bescherte. So wurde die 1926 begonnene May-Siedlung in Niederrad ›Zickzackhausen‹ genannt, weil ein Teil der Häuser in sägezahnähnlichen Winkeln zueinander steht – wodurch die Wohnungen heller wurden als damals üblich. Auftraggeber dieser Siedlung mit 654 Mietwohnungen war die ABG, die Aktienbaugesellschaft für kleine Wohnungen. Nur in Zickzackhausen konnten Mays Architekten – hier waren es Herbert Boehm und Carl Hermann Rudloff – die für alle Siedlungen gedachten Gemeinschaftshäuser realisieren.

Mays Siedlungen sind nicht vorstellbar ohne zwei Denkmodelle: zum einen das erwähnte Konzept der Gartenstadt, und zum anderen das Ziel der industriellen Serienproduktion. Wer Mays Wohnungen heute als (zu) klein empfindet, übersieht, dass genau dies die Bauaufgabe war. Mays Mitarbeiter mussten mit spitzem Bleistift rechnen und sparen, wo es nur ging, damit die Wohnungsbaugesellschaften so viele Wohnungen so preiswert wie möglich anbieten konnten. Es ging eben darum, Kleinstwohnungen zu schaffen, keine Luxuswohnungen.

Die Absicht, die Gestalt von Gebrauchsgegenständen zu vereinfachen und sie in großer Stückzahl industriell herzustellen, um Möbel, Küchen, ja ganze Häuser in Serie zu fertigen, und damit für mehr Menschen erschwinglich zu machen, wurde am Bauhaus verfolgt. Das Bauhaus selbst existierte zwar als staatliche Ausbildungsstätte kaum 14 Jahre – ab 1919 zunächst in Weimar, ab 1925 in Dessau und von 1930 bis 1933 in Berlin – traf jedoch mit dem von Walter Gropius formulierten Gründungsmanifest den Nerv der jungen Generation nach dem Krieg und zugleich den großen Bedarf, und zwar länderübergreifend, europaweit. Bauhäusler, Mitglieder des Deutschen Werkbundes und anderer Vereinigungen hatten eines gemeinsam: das oft leidenschaftlich artikulierte Ziel, besser, zeitgemäßer, menschenwürdiger zu bauen. Die Ideen wurden auf Tagungen und in Zeitschriften diskutiert, und zwischen den Kunstschulen in Dessau, Berlin, Wien, Amsterdam, Köln und Frankfurt am Main bestanden vitale Kontakte. Projekte wie Zickzackhausen zeigen, mit welcher Kraft die Architekten und Gartengestalter ihre Sozialutopien vor mehr als 80 Jahren selbst mit straffer Finanzierung in die Wirklichkeit umzusetzen vermochten.

Wohnen in der Stadt des 20. Jahrhunderts   Gartenstädte und urbane Verdichtung

Hellerhofsiedlung, 1929 – 1932

Mart Stams Hellerhofsiedlung Nie zuvor hatte eine Gruppe von etwa 40 jungen Architekten aus unterschiedlichen Ländern, die 1925 bei der Stadt Frankfurt angestellt wurden, oder wie Gropius, Brenner, Schuster oder Stam als Privatarchitekten Aufträge für einzelne Siedlungen erhielten – ›im Kollektiv‹ oder als ›Brigade May‹, wie man damals sagte, also im Team – die Gelegenheit bekommen, die neuesten, modernsten Entwürfe ihrer Zeit in Siedlungen mit hunderten von Wohnungen umzusetzen, wenn auch als Sozialer Wohnungsbau für möglichst wenig Geld. Keiner der beteiligten Architekten hat sich bei der Gestaltung selbstverwirklicht oder ›sich ein Denkmal setzen‹ können, sondern jede Siedlung des Neuen Bauens versucht, gute Lösungen für die pragmatische Aufgabe zu finden, kleine, helle, praktische, billige Wohnungen zu bauen. Immer geht es dabei um die Durchgestaltung bis ins Detail und um die Verbindung von Innen und Außen, von Haus und Grün auf kleinem Grundriss. Selbst beim CIAM-Kongress diskutierten die mehr als 130 Teilnehmer 1929 in Frankfurt keineswegs über Ästhetik im Allgemeinen, sondern über Lösungen für das Wohnungsproblem.

Der holländische Architekt Mart Stam, der bei Hans Poelzig und Max Taut gearbeitet, 1927 eine Reihenhauszeile in der Stuttgarter Weißenhofsiedlung gebaut und überdies in seiner Frankfurter Zeit 1928/29 einen Lehrauftrag am Bauhaus in Dessau innehatte, brachte in seine Hellerhofsiedlung 1929 den frischen Wind der holländischen Avantgarde mit hinein. Mart Stam hat in Frankfurt zwei innovative Bauprojekte hinterlassen: Das ehemalige Henry-und-Emma-Budge-Heim, seinerzeit das erste Wohnhaus für alte Menschen, finanziert von dem sozial engagierten Stifterehepaar Budge, und die Neue Hellerhof-Siedlung am damaligen Westrand der Innenstadt.

Stams Hellerhofsiedlung entstand im Westen Frankfurts jenseits der Galluswarte, wo sich entlang der Ausfallstraße Richtung Mainz, der Mainzer Landstraße, seit etwa 1880 viele Fabriken niedergelassen hatten. Auf den Wohnungsbedarf reagierte bereits der Alte Hellerhof, eine bis 1904 von der Hellerhof AG gebaute Siedlung. Für dieselbe Wohnungsbaugesellschaft baute Stam zwischen 1929 und 1932 die Neue Hellerhof-Siedlung, die unmittelbar an die bestehenden Siedlungshäuser anschließt. Stam baute nach den Grundsätzen des CIAM etwa 1190 erschwingliche Sozialwohnungen zwischen Frankenallee und Idsteiner Straße. Senkrecht zur Idsteiner Straße plante er Häuser in Zeilenbauweise mit dazwischen liegenden Grünflächen. Zur Frankenallee ist die Siedlung durch zweigeschossige quergestellte Baukörper als Kopfbauten in der einprägsamen Wirkung eines monumentalen Zahnschnitts abgeschlossen. Hier entstanden Wohnungen für das Existenz-

Hellerhofsiedlung Wenn auch teilweise sanierungsbedürftig, besticht die Siedlung des holländischen Architekten Mart Stam am damaligen Westrand der Innenstadt bis heute durch ihre städtebaulichen Qualitäten.

Gartenzone für die Mieter Die Mieter der zuweilen winzigen, jedoch preisgünstigen Wohnungen werden durch großzügige Grünflächen und Freiräume zwischen den Wohnzeilen entschädigt.

Autofreie Wege Nördlich der Schneidhainer Straße wurde die Hellerhofsiedlung nach Plänen von Karl Blattner bis 1938 erweitert. Die ursprüngliche räumliche Situation mit autofreien Wegen wurde nach Kriegsschäden 1951 wieder hergestellt.

Gartenzone für die Mieter

Autofreie Wege

minimum auf nur 34 Quadratmetern Grundfläche – durchaus klein, doch manche Frankfurter wohnen heute enger. Wegen der Industrie im Frankfurter Westen wurde die Hellerhofsiedlung im Zweiten Weltkrieg stark beschädigt und danach teils verändert wieder aufgebaut.

Weißes Bauen galt als ›undeutsches Bauen‹ Obwohl May-Siedlungen wie der Hellerhof in kürzester Zeit für neue Wohnungen sorgten, wurde das Neue Bauen von Anfang an von politisch rechten Reaktionären lächerlich gemacht. Schon die konservative Regionalpresse in Weimar und Dessau hatte die weißen Zeilenbauten des Bauhauses mit dem typischen Flachdach verspottet. Für Frankfurter aus den alten Vororten oder der Altstadt mit ihren Spitzdächern war ein Flachdach eben kein Dach. Es irritierte die Sehgewohnheiten und verärgerte Zimmerer und Dachdecker, die, ohnehin schon schlecht bezahlt, nun gänzlich um Lohn und Brot fürchteten. Außerdem stieß die damals ungewohnte Farbigkeit der Architektur auf Kritik. Wie Tauts Siedlungen in Berlin, so brachten auch Mays Zeilenbauten Farbe in die Stadt: Jede Häuserzeile war durchgehend in einer Farbe gehalten, damit die Zeile selbst mit ihren wiederkehrenden, zuweilen farbig abgesetzten Details als urbane Einheit wirken konnte. Die Fassaden waren zur Straße hin oft in warmem Backsteinrot, Blau oder in hellem Gelb verputzt, während sie nach außen hin, in die Landschaft hinein oder zu den Ausfallstraßen, in einem klaren Weiß erstrahlten und auf Fernwirkung abzielten.

Wie erwähnt, hätte eine weiße Stadt den Frankfurtern 1926 seit mehr als hundert Jahren vertraut sein dürfen: Denn um die Altstadt war ein Kranz aus weißen, klassizistischen Häuserzeilen gelegt, die auch das Mainufer geschmückt hatten und denen das klassizistische Frankfurt den Ruf als eine der schönsten Städte Europas verdankte. Unter diesem Aspekt brechen Mays Siedlungen keineswegs mit der örtlichen Bautradition, sondern knüpfen daran an. Auch städtebaulich orientiert sich May in vielerlei Hinsicht an gewachsenen Strukturen: Meist erweitert er in seinen Planungen vorhandene Dörfer und nimmt alte Straßenverläufe auf, während er innerhalb der neuen Zeilenbauten für öffentliche Räume sorgt, mit Plätzen wie Dorfangern, mit verschwiegenen, autofreien Mistwegen zwischen den Grünflächen und Hauptwegen für den Verkehr. Geplant waren immer auch Einrichtungen für die Gemeinschaft, wie Waschhäuser, Versammlungsräume, Kindergärten, Schulen und Geschäfte. Wegen dieser Qualitäten sind May-Siedlungen wie der Hellerhof trotz gestiegener Wohnansprüche sehr beliebt und werden in ihren Prinzipien für viele hochpreisige Neubauten kopiert.

Gropius-Siedlung Am Lindenbaum, 1929

Wohnhaus Elsaesser Ernst May und sein Mitarbeiter Martin Elsaesser entwarfen für ihre Familien auf der Anhöhe der Siedlung Ginnheim jeweils ihre eigenen Wohnhäuser. Elsaesser wählte für sein Haus Backstein – das gleiche Material wie für die Großmarkthalle und die Pestalozzi-Schule in der Siedlung Riederwald.

Siedlung Höhenblick Am Rande des alten Ginnheim, hoch über dem Niddatal, entand die May-Siedlung Höhenblick. Bei klarem Wetter sieht man von dort den Taunus mit dem Feldberg.

Gropius-Siedlung Am Lindenbaum Im Jahr 1910 wurden die Dörfer Ginnheim und Eschersheim eingemeindet. Benannt nach der unter Naturschutz stehenden, prachtvollen Linde aus dem frühen 18. Jahrhundert, entstand die Siedlung Am Lindenbaum in Eschersheim. Entworfen hat sie Walter Gropius 1929/1930 für das Dezernat May.

Höhenblick, Wohnhaus Elsaesser, 1925–1926

Siedlung Höhenblick, 1926–1927

Die Siedlung Höhenblick in Ginnheim Auch wenn May selbst vom ›Wohnen für das Existenzminimum‹ sprach, gibt es feine Unterschiede in Größe und Lage der Wohnungen, die sich auch in der Mischung der Bewohner niederschlagen. Während etwa die Wohnungen in Westhausen überwiegend an Arbeiter vermietet wurden, war die Römerstadt nie eine reine Arbeitersiedlung; dort lebten viele städtische Beamte und Angestellte, ebenso in Praunheim. Lehrer und Künstler hingegen bevorzugten die Siedlung Höhenblick in Frankfurt-Ginnheim, wo die Wohnflächen etwas großzügiger dimensioniert sind.

Die Hanglage zur Nidda mit Blick auf den Taunus war für die leitenden Architekten May und Elsaesser so reizvoll, dass sie in Ginnheim auch ihre eigenen Häuser bauten. Die Siedlung Höhenblick gehört zum Niddatal-Bebauungsplan und entstand unter Federführung von Herbert Boehm. Im Auftrag der städtischen ABG, der Aktienbaugesellschaft für kleine Wohnungen, heute ABG Frankfurt Holding GmbH, wurden am Südhang zur Nidda ab 1926 etwa hundert Wohnungen in dreigeschossigen Einfamilienhäusern in Doppelhauszeilen mit fünf Zimmern, Dachterrassen und Gärten gebaut.

Auch hier fügte sich die neue Siedlung an die bestehende Dorfstruktur an. Das Dorf Ginnheim war aus einer fränkischen Siedlung hervorgegangen und wurde 1910 eingemeindet. In Alt-Ginnheim gibt es bis heute barocke Höfe und die Bethlehemkirche, die um 1700 als eine typische, einfache Dorfkirche jener Zeit entstand. Von der Kurhessenstraße erschließt sich die Siedlung Höhenblick. Wie so oft bei May-Siedlungen, wird auch hier der Hauptzugang zur Siedlung städtebaulich wie ein Stadttor behandelt und durch markante Eckgebäude betont.

May hatte sein Ginnheimer Haus 1926 ganz auf die Bedürfnisse seiner Familie zugeschnitten – doch die Mays hatten dort keine vier Jahre gelebt, als sie 1930 mit 21 Architekten der ›Brigade May‹ in die erst 1922 gegründete Sowjetunion gingen. Den meisten Avantgarde-Architekten war längst klar, dass es im zusehends nationalistischer werdenden Deutschland keine Zukunft für sie gab. Für etliche Künstler und Sozialreformer folgten Jahre unfreiwilliger Reisen nach Moskau, Istanbul, London, Tel Aviv oder Amsterdam; viele wurden ermordet, andere litten Jahre im Zuchthaus – wie Margarete Schütte-Lihotzky, die im Widerstand aktiv war – oder sie starben entkräftet und aller Ehren beraubt auf der Flucht, wie Oberbürgermeister Ludwig Landmann. Ihm, dem ersten Frankfurter Oberbürgermeister aus einem jüdischen Elternhaus, verdanken tausende Familien eine bezahlbare Wohnung. Viele konnten sich durch Landmanns Politik ein eigenes Häuschen im Grünen erlauben – ein Traum vieler, bis heute.

Bornheimer Hang, 1926 – 1930

Das Neue Bauen war eine soziale Haltung Ein Beispiel für eine May-Siedlung, die nicht auf freiem Feld an ein eingemeindetes Dorf außerhalb Frankfurts anschließt, sondern unmittelbar an der bereits bestehenden städtischen Blockbebauung beginnt, gibt die Siedlung Bornheimer Hang. Hier, an der Wittelsbacher- und Saalburgallee verlief damals die nordöstliche Stadtgrenze. Die Siedlungen Bornheimer Hang und Riederwald sollten als neue Großsiedlungen die freie Fläche im Osten der Stadt Frankfurt nutzen. Zu diesen Siedlungen gehört die 1929 eingeweihte Heilig-Kreuz-Kirche von Martin Weber, die nach dem Krieg leicht verändert aufgebaut wurde.

May selbst war seit 1926 Herausgeber der Zeitschrift ›Das Neue Frankfurt‹, in der seine Fachleute die neuen Konzepte darstellten: so etwa das von konservativen Stadträten kritisierte Flachdach, das erst die Dachterrassen ermöglichte, oder die kleine Küche, die erst bezahlbare Wohnungen mit einem eigenen Wohn- und Essraum ohne Kochdünste zuließ. Architekten wie May und Lihotzky sahen in diesem Wohnraum »eine höhere Form des Wohnens«, und Margarete Schütte-Lihotzky formulierte in ihren Aufsätzen im Neuen Frankfurt regelrechte Bedienungsanleitungen zu ihrer Küche. Als Geschmacksmuster für die Leser entwickelte die Redaktion außerdem das ›Frankfurter Register‹: beigefügte lose Blätter, die als Musterkarten für passende Bauhaus-Tapeten, Leuchten, Stühle, Cromargan- und Nirosta-Besteck oder Möbel dienten. In seinem Sprachrohr für Neues Bauen publizierte May auch die bis 1928 entstandene Bauhaus-Siedlung von Gropius im Dessauer Stadtteil Törten und die Siedlung Am Lindenbaum, die Gropius als freier Architekt 1930 in Frankfurt-Eschersheim baute.

Das Frankfurter Montageverfahren Mays Abteilung Typisierung entwickelte und testete seit 1925 unter der Leitung von Eugen Kaufmann die Plattenbauweise und baute in Frankfurt-Praunheim zum ersten Mal in einer großen Siedlung Häuser aus diesen Tafeln, die nicht auf der Baustelle, sondern in einer Halle, unabhängig von Wetter und Jahreszeit, vorproduziert wurden.

Wer heute ›Platte‹ hört, denkt mit Grausen an die Monotonie späterer Trabantenstädte, mit denen man seit den 1950er Jahren auf Wohnungsnot und sanierungsfällige Altstädte reagierte. Doch mit der serienmäßig vorproduzierten Platte ging 1926 von Frankfurt am Main eine Revolution der Baustellenorganisation aus. May hatte mit den ersten Platten von drei Metern Länge, 1,10 Metern Höhe und 20 Zentimetern Dicke in Frankfurt ein neues Baumaterial aus natürlichen Materialien wie rheinischem Bims, Kies und Wasser entwickelt, mit dem man Gebäude

Bornheimer Hang Die Modernität des Städtebaus der 1920er Jahre zeigt sich in der Breite und dem großzügigen Schwung der Wittelsbacher Allee, die auf die schneeweiße Heilig-Kreuz-Kirche von Martin Weber zuläuft.

Praunheim, zehn Versuchshäuser Mays Dezernat entwickelte 1926 in der Siedlung Praunheim das ›Frankfurter Montageverfahren‹, das sich May 1927 patentieren ließ. Im Oktober 1929 tagte der internationale CIAM-Kongress in Frankfurt und besichtigte die Praunheimer Siedlung.

Die denkmalgeschützten Versuchshäuser Heute stehen die ersten zehn Plattenbauten in der schmalen Straße Am Hofgut unter Denkmalschutz. Von außen kann man den verputzten Siedlungszeilen in Praunheim nicht ansehen, dass 204 der Häuser in Tafelbauweise zusammengesetzt und die anderen mit Backsteinen gemauert wurden.

Praunheim, zehn Versuchshäuser, 1926

Die denkmalgeschützten Versuchshäuser heute

nun in wenigen Tagen errichten konnte. Für die Herstellung der ersten Platten konnte das Hochbauamt 1926 eine leerstehende Halle benutzen, das Haus der Technik auf dem Frankfurter Messegelände; nach dem gelungenen Versuch richtete May am Osthafen eine Plattenfabrik ein.

Die ersten zehn Versuchshäuser aus Bimsbetonplatten wurden 1926 in der Siedlung Praunheim gebaut und stehen unter Denkmalschutz. Und obwohl sich die neue Bautechnik bei 204 Reihenhäusern in Praunheim bis heute gut bewährt hat, war es damals eine politische Entscheidung, die meisten Reihenhäuser dennoch in gewohnter Technik aus Backsteinen zu mauern.

1929 tagt der CIAM-Kongress in Frankfurt May hatte mit dem gelungenen Versuch Fakten geschaffen, denn die Frankfurter Häuser standen. Zudem war Lihotzkys Küche schon 1926 als Muster im Rathaus zu sehen, ein Musterhaus wurde 1927 in einer Ausstellung in der Festhalle und in Stuttgart gezeigt, und May sorgte für die Verbreitung in ›Das Neue Frankfurt‹. Mit diesen Innovationen konnte May im Oktober 1929 die zweite CIAM-Konferenz nach Frankfurt holen. Unter dem Namen CIAM – Congrès Internationaux d'Architecture Moderne – hatten 28 führende Architekten ein Jahr vorher in der Schweiz ein Forum, eine Denkfabrik, für die europaweit drängenden Fragen des Städtebaus und der Architektur ins Leben gerufen. Zu den 28 Unterzeichnern der Gründungserklärung gehörten die Vettern Jeanneret aus Paris, von denen sich einer den Künstlernamen Le Corbusier gab, außerdem Hugo Häring aus Berlin, Hannes Meyer vom Bauhaus, Mart Stam aus Rotterdam, Sigfried Giedion – und May. Mit seiner Mustersiedlung hatte er in Praunheim 1926 bereits umgesetzt, was die erste CIAM-Konferenz 1928 formulierte: Rationalisierung und Standardisierung des Bauens als Voraussetzung für soziale Veränderungen.

Die Avantgarde der europäischen Architekten fand sich zur Tagungseröffnung im Palmengarten ein, wurde im Rathaus empfangen, und einige Tagungsteilnehmer trafen sich in der neuen Gaststätte der Praunheimer Siedlung an der Adlerwiese, die bis heute Zum Neuen Adler heißt. Insgesamt kamen etwa 130 Architekten aus 14 Ländern nach Frankfurt. Unter anderem hielt Walter Gropius einen Vortrag über die soziologischen, biologischen und wohnungstechnischen Grundlagen der Minimalwohnung. Als der CIAM-Kongress am 24. Oktober 1929 begann, konnte kaum jemand ahnen, das jenes Datum als Schwarzer Donnerstag in die Geschichte eingehen werde: Mit dem amerikanischen Börsenzusammenbruch begann die Weltwirtschaftskrise, die nicht nur dem Neuen Bauen in Europa ein brutales Ende bescherte.

Nidda und Römerstadt Vom Ufer der Nidda aus tritt die Römerstadt kaum als neue Großsiedlung in Erscheinung. Mit ihren Flachdächern ist sie wie eine antike Polis hinter einer Stadtmauer konzipiert – ›Klein Marokko‹ eben, wie es Spötter 1926 durchaus richtig sahen.

Hadrianstraße Die Siedlung Römerstadt und die Nordweststadt stehen genau auf der römischen Siedlung Nida mit einstigem Hafen an der Nidda. May zitiert das Motiv einer antiken Ober- und Unterstadt durch eine Höhenstaffelung mit Stadtmauer und runden Bastionen.

Frankfurter Küche In der Straße Im Burgfeld 136 in der Römerstadt wird von der Ernst-May-Gesellschaft ein Reihenhaus baugeschichtlich untersucht und restauriert. In diesem Ernst-May-Haus gibt es eine Frankfurter Küche, die nach sorgfältigen Voruntersuchungen mit Unterstützung der Denkmalpflege wieder hergestellt wurde.

Hadrianstraße, Gartenseite Wie bei allen May-Siedlungen wechseln in der Römerstadt Einfamilien- und Mehrfamilienhäuser unterschiedlicher Dimension ab und sorgen mit ausgedehnten Grünflächen für eine Atmosphäre wie in einer ›gewachsenen‹ Stadt.

Nidda und Römerstadt, 1926–1929

Römerstadt, Hadrianstraße

Frankfurter Küche, um 1928

Die Frankfurter Küche in der Römerstadt Eine Küche mit nur sechs Quadratmetern für eine Familie? So etwas war in den 1920er Jahren unmöglich zu vermieten, weil die Küchenmöbel einfach nicht hinein passten. Das Familienleben in Arbeiterhaushalten spielte sich normalerweise in der Küche ab – schon deshalb, weil der Kohleherd dafür sorgte, dass wenigstens dieser eine Raum im Winter warm wurde; allein das Küchenbüffet hätte den Raum ausgefüllt. Der kleine Raum konnte nur funktionieren, indem man ihn völlig anders einrichtete.

Durch Zufall war May um 1923 in Wien der jungen Margarete Lihotzky begegnet und kannte dadurch ihre Entwürfe für funktionale Einbaumöbel. Lihotzky fand, dass es für Berufstätige eine Erleichterung ist, nur mit Koffer umzuziehen. Sie hatte die Vision von preiswerten Mietwohnungen, die ganz praktisch mit eingebauten Möbeln ausgestattet sind. Tatsächlich war Lihotzky selbst mehrmals gezwungen, ohne eigene Möbel zu leben; in Frankfurt blieb sie keine vier Jahre, viel kürzer etwa als in Moskau. Doch die Frankfurter Jahre drückten ihr einen Stempel auf, der sie mehrmals empört ausrufen ließ: »Ich bin keine Küche!«

Die berufstätige Wienerin kochte selbst nicht gern – doch gerade dies ermöglichte ihr die distanzierte Beobachterperspektive, die man einnehmen muss, wenn man komplexe Arbeitsvorgänge analysieren will. Lihotzky beobachtete und maß die Wege in der Küche, stoppte die Zeit, zählte die Schritte und die Handbewegungen von linker und rechter Hand beim Spülen, Abtrocknen und Geschirr einräumen – wie in einem Labor.

Dabei ließ sich Lihotzky von der Publikation der Amerikanerin Christine Frederick mit dem Titel ›The New Housekeeping. Efficiency Studies in Home Management‹ inspirieren, die Irene Witte 1921 unter dem Titel ›Die rationelle Haushaltsführung‹ ins Deutsche übertragen hatte. Mit diesen, damals hoch aktuellen Ansätzen konnte Lihotzky eine Küchenausstattung entwerfen, die passgenau angefertigt wurde und auch in den Häusern verblieb, wenn die Mieter wechselten.

Lihotzky selbst gab dieser ersten Serienküche aus gestrichenen, einfachen Holzplatten eine Lebenszeit »von höchstens 30 bis 35 Jahren«. Sie lebte noch im Alter von über hundert Jahren aufmerksam und wach in der Gegenwart. In ihrer Autobiografie schrieb sie: »Es wäre traurig um das Leben bestellt, wäre das, was damals Fortschritt war, heute immer noch vorbildlich progressiv.«

Indem Lihotzkys Küche jedoch um 1930 in etwa 15 000 May-Wohnungen benutzt wurde, konnte dieses Vorbild aller heutigen Einbauküchen in Frankfurt am Main zeigen, wie es sich in der Praxis bewährt.

Kirche der Gemeinde Allerheiligste Dreifaltigkeit, 2005

Gustav-Adolf-Kirche Neues Bauen im Fachwerkdorf Alt-Niederursel: Auf den Grundmauern der alten Georgskirche aus dem 15. Jahrhundert entwickelte Martin Elsaesser mit Gerhard Planck 1928 einen radikal modernen Zentralbau.

Friedenskirche Viele Kirchen der 1920er Jahre wurden aus Backstein gemauert und vermitteln als ›feste Burg‹ Halt und Sicherheit in Jahren großer Not. Karl Blattner baute ab 1925 die Kirche mit Pfarrhaus und Kindergarten in der Frankenallee, bis 1953 verändert aufgebaut.

Heilig-Kreuz-Kirche Bereits im Wettbewerb hatte Martin Weber 1927 seine Kirche als ›Hangkrone‹ bezeichnet. Noch heute beherrscht die hoch aufragende Glockenwand an der Wittelsbacher Allee die May-Siedlung Bornheimer Hang.

Frauenfriedenskirche Gleichzeitig, von 1927 bis 1929, schuf Hans Herkommer auf der Ginnheimer Höhe, am Rande von Bockenheim, die Frauenfriedenskirche an der Zeppelinallee 99–103. Ermöglicht wurde sie durch Spenden der katholischen Frauenverbände. Das Mosaik von Emil Sutor zeigt Maria als Friedenskönigin.

Kirchen des 20. Jahrhunderts

Gustav-Adolf-Kirche, 1928   Friedenskirche, 1928   Heilig-Kreuz-Kirche, 1929   Frauenfriedenskirche, 1929

Kirchen und Siedlungen Kirchenbau in Frankfurt steht in der Regel in direktem Zusammenhang mit neuen Wohngebieten. Steigt die Zahl der Gemeindemitglieder, braucht man eine Kirche; wird die Gemeinde kleiner, wird die Kirche für die wenigen zu groß und im Unterhalt zu teuer. Dann gilt es, neue Wege zu finden, um das liebgewordene Gebäude erhalten zu können, es umzubauen, es durch eine zusätzliche Nutzung zu beleben – oder es zu schließen. Diese unerbittliche Wahrheit beschäftigt seit Jahren die evangelischen und katholischen Gemeinden.

Mittlerweile haben einige Kirchengemeinden architektonisch auf die veränderte Situation reagiert: Eine Lösung fand die geschrumpfte Dornbuschgemeinde, die einen Teil ihrer zu groß gewordenen Kirche 2004 abtragen ließ; die zusammengelegte evangelische Jakobsgemeinde in Bockenheim verband die alte Kirche 2005 mit einem neuen Gemeindehaus. Ähnlich gingen die Gemeinden der Markuskirche in Bockenheim und der Lutherkirche in Bornheim mit ihren neuen Gemeindezentren vor.

Unterdessen wurde im neu erschlossenen Stadtteil Nieder-Erlenbach bis zum Jahr 2000 die katholische Kirche Zum Guten Hirten erbaut, und im Stadtteil Frankfurter Berg entstand 2005 die neue Kirche Allerheiligste Dreifaltigkeit, die nun mit dem Gemeindezentrum und dem älteren Pfarramt einen einladenden Kirchenvorplatz bildet.

Wenngleich es Neubauten wie diese gibt, ist die rückläufige Entwicklung in Frankfurt am Main unübersehbar: Viele ältere Kirchen des 20. Jahrhunderts sind für die wenigen Kirchenbesucher eine Belastung, während sich Frankfurter Bürger anderer Glaubensrichtungen zuweilen mit überfüllten Provisorien arrangieren. Vor dem Krieg sah die Situation in Frankfurt anders aus: Um 1928 gab es hier 284 000 Protestanten, 162 000 Katholiken, 28 000 Juden und sehr wenige Muslime. Mit den Eingemeindungen und den neuen Siedlungen wurden in den 1920er Jahren weitere Kirchen mit dazugehörigen Pfarr- und Gemeindehäusern und Friedhöfen nötig: Zwischen den beiden Weltkriegen wurden in Frankfurt acht katholische und drei evangelische Kirchen sowie ein Gemeindehaus gebaut. Nachdem die meisten Kirchen von Bomben getroffen waren, wurden nahezu alle wieder instand gesetzt, meist mit großem persönlichen Engagement der Gemeinden selbst. Manche Kirchen wurden sogar noch erweitert, etwa die Christkönigkirche von Martin Weber in der May-Siedlung Praunheim, deren Gemeinde in den 1950er Jahren weiter gewachsen war und nun wieder schrumpft.

Da die Kirchen in den 1920er Jahren nicht ausreichten, wurden sogar noch Notkirchen gebaut, von denen die meisten heute verschwunden sind; in Bonames gibt es noch eines dieser interessanten Gebäude, mit denen

St. Michael Im Nordend, in der Gellertstraße 37–39, schuf Rudolf Schwarz 1953/54 auf elliptischem Grundriss diesen hoch aufragenden Betonskelettbau, der mit dünnen Ziegelwänden ausgemauert wurde. Den runden Campanile ergänzte Karl Wimmenauer 1961.

St. Ignatius Wie eine große gefaltete Skulptur aus Sichtbeton wirkt Gottfried Böhms Pfarrkirche im Westend, im Gärtnerweg 60. Böhm schuf 1964/65 einen sechseckigen Zentralbau mit eingestelltem, polygonalem Turm aus Sichtbeton.

Cantate Domino Die 1966 eingeweihte Kirche in der Ernst-Kahn-Straße 20 verzichtet bewusst auf einen Turm, da sie ohnehin von höheren Wohnhäusern umgeben ist. Walter Schwagenscheid und Tassilo Sittmann, Architekten der Nordweststadt und der Kirche, entwarfen eine den Vorplatz fassende Glockenwand.

Allerheiligste Dreifaltigkeit Ein Beispiel für einen Kirchenneubau der jüngsten Zeit, der aufgrund eines neu erschlossenen Wohngebietes auf dem Frankfurter Berg notwendig wurde, ist diese Kirche der Architekten Kissler+Effgen. Sie wurde 2008 mit der Martin-Elsaesser-Plakette ausgezeichnet.

St. Michael, 1954   St. Ignatius, 1965   Cantate Domino, 1966   Allerheiligste Dreifaltigkeit, 2005

der Architekt Otto Bartning den Gemeinden in vielen Städten helfen konnte.

Martin Weber und der katholische Kirchenbau Den katholischen Kirchenbau der 1920er Jahre prägte der Frankfurter Architekt Martin Weber. Seine Räume sind ganz auf die Liturgie ausgerichtet und zugleich der Moderne verpflichtet. Webers Pfarrkirche St. Bonifatius in der Holbeinstraße in Sachsenhausen ist die erste katholische Kirche, die nach dem Ersten Weltkrieg 1926/27 in Frankfurt gebaut wurde. Gleichzeitig entstand die erste evangelische Kirche, die Friedenskirche an der Frankenallee, gebaut nach längerer Planungszeit und mehreren Planwechseln von Karl Blattner. Beide Kirchen setzen die monumentalen Stadtkirchen der norddeutschen Backsteingotik mit ihren kräftigen Turmfassaden in eine moderne, expressive Formensprache um; sie wirken wehrhaft wie Burgen und beherrschen mit ihren Fassaden den Straßenraum. Weitere Kirchen von Martin Weber sind die Heilig-Geist-Kirche in der Schäfflestraße in Riederwald, die 1930/31 ganz den Forderungen des Werkbundes nach Material- und Formgerechtigkeit folgt, und die weithin sichtbare weiße Pfarrkirche Heilig-Kreuz an der Ecke Ketteler Straße/Wittelsbacher Allee, die Weber 1928/29 für die May-Siedlung Bornheimer Hang baute. Eine evangelische Kirche von Martin Elsaesser und Gerhard Planck, die nicht im Krieg beschädigt wurde, ist die Gustav-Adolf-Kirche in Niederursel, die 1928 eingeweiht wurde.

Schwarz, Böhm, Mäckler – Kirchen nach 1945 Nach dem Zweiten Weltkrieg galt es, die stark beschädigten, ausgebrannten Altstadtkirchen aufzubauen und zugleich, ähnlich wie in den 1920er Jahren, in den neuen Siedlungen der 1950er und 1960er Jahre wieder Kirchen- und Gemeindezentren zu schaffen. Viele Gemeinden wuchsen damals durch Flüchtlinge aus dem Osten. Die herausragenden Frankfurter Kirchen der Nachkriegszeit sind mit bekannten Architektennamen wie Rudolf Schwarz, Gottfried Böhm, Hermann Mäckler – bis 1941 Mitarbeiter von Martin Weber – und Johannes Krahn verbunden. Frankfurt verdankt Rudolf Schwarz außer dem Nationaldenkmal Paulskirche die Pfarrkirche St. Michael im Nordend; Hermann Mäckler leitete mit seinem Büropartner Alois Giefer den Wiederaufbau des Domes und hinterließ Frankfurt Sakralbauten wie die Mariahilf-Kirche (1951), die Allerheiligenkirche (1952/53) im Ostend und St. Matthias (1965). Johannes Krahn baute 1956/57 die Pfarrkirche St. Wendel im Alten Schützenhüttengässchen in Sachsenhausen. Alle diese Ikonen der Moderne sind heute gefährdet, weil die Gemeinden schrumpfen.

Sgraffito Schloßstraße/Adalbertstraße, 1956

Goldstein-Süd Mit bekannten Architekten wie Frank Gehry versuchte die Stadt, Akzente im kommunalen Siedlungsbau zu setzen. Gehrys Siedlung Goldstein kommt bei den Bewohnern gut an.

Olivetti-Türme Die beiden Türme, die Egon Eiermann 1968 für die Firma Olivetti baute, bildeten den Auftakt zur ›Bürostadt Niederrad‹, mit der man die Innenstadt von weiteren Hochhäusern entlasten wollte.

Nordweststadt Die Nordweststadt wurde einschließlich Einkaufszentrum in den letzten Jahren ertüchtigt: Die Parks werden gepflegt, die Wohnungen saniert. Die Mieter schätzen die größte Gartenstadt Frankfurts: Autos im Parkhaus, Kinder im Grünen.

Sgraffito Die frühen städtischen Siedlungen der ABG, der Aktienbaugesellschaft für kleine Wohnungen, griffen nach 1945 auf die Errungenschaften und Pläne der 1920er Jahre zurück. Das Wandbild erinnert in seiner Auferstehungsikonografie an Angst und Not in Kriegstrümmern.

Siedlungen nach dem Zweiten Weltkrieg

Goldstein-Süd, 1993

Olivetti-Türme, 1968 – 1972

Nordweststadt, 1962 – 1968

Städte im Grünen May hatte seine Trabantenstädte 1926 stets als Teil des Stadtganzen begriffen und daher weniger das Einzelhaus als vielmehr die Häuserzeilen und Blockränder mit einem differenzierten Wege- und Straßennetz und ihrer Einbettung in die Landschaft im Blick gehabt. Seine Stadtviertel ordnen sich einem Generalbebauungsplan für Frankfurt unter und ergeben im Verbund mit den bestehenden alten Siedlungen klare Stadtteilränder. May berücksichtigte die natürliche Geländeformation und schuf städtebauliche Räume durch Rücksprünge, versetzte Zeilen, torähnliche Kopfbauten und unterschiedliche Gebäudehöhen. Dies alles mag selbstverständlich und unspektakulär klingen – ist es jedoch heute oft nicht, denn der Großraum Frankfurt-Mainz-Wiesbaden ist so dicht zusammengewachsen, dass seine Ränder zerfließen und die Grundstücke teuer und rar geworden sind.

Die Nordweststadt In den Jahrzehnten nach dem Zweiten Weltkrieg wuchs die Bevölkerungszahl noch schneller als in den 1920er Jahren, auch durch die vielen Flüchtlinge. Außerdem wurden Flughafen, Autoindustrie, Messe und Banken attraktive Arbeitgeber. Es ist kein Geheimnis, dass Wohnungsbaugesellschaften ebenso wie private Eigentümer nach wie vor durch unsensible Renovierungen der älteren Siedlungshäuser das fein ausdifferenzierte Gesamtbild erheblich beeinträchtigen, und noch immer findet man selbst bei Maßnahmen an denkmalgeschützten Gebäuden oftmals die originalen Haustüren, Fenster, Klinken und Geländer im Bauschutt-Container.

Manche frühen Siedlungen, wie die Fritz-Kissel-Siedlung, die an die Heimatsiedlung anschließt, wurden im Sinne Mays als Erweiterung bestehender Strukturen weitergebaut. Das größte Projekt der 1960er Jahre war die Nordweststadt, die Walter Schwagenscheidt gemeinsam mit Tassilo Sittmann bis 1968 baute. Schwagenscheidt war vor dem Krieg ein Mitarbeiter von Ernst May und in den 1920er Jahren maßgeblich an den Siedlungen an der Miquelallee und in Goldstein beteiligt.

Mit der Nordweststadt reagierte die Stadt auf den Druck, für eine große Anzahl Menschen ein völlig neues Stadtviertel zu entwickeln, das autark funktioniert und nicht auf die Innenstadt angewiesen ist. Schwagenscheidt und Sittmann planten eine Gartenstadt im Grünen, mit Parks und Gärten zwischen Hochhäusern und Zeilenbauten. Vor allem ist die Nordweststadt weitgehend autofrei organisiert: Fußgänger bewegen sich zwischen den mehrgeschossigen Häusern durch öffentliche, mit großem Aufwand gepflegte Grünzonen, während ihre Autos in Tiefgaragen parken. Auch das große Einkaufszentrum selbst kann man über Fußgängerbrücken erreichen.

Riedberg, Margarete-Steiff-Straße, 2009

Riedberg, Margarete-Steiff-Straße
Der Riedberg ist derzeit das größte der neuen Stadtviertel Frankfurts, die, ähnlich wie die meisten Maysiedlungen in den 1920er Jahren, auf freiem Feld, möglichst auf einer Anhöhe vor der Stadt, erschlossen werden.

Baustelle Riedberg Die Zeilenbauten knüpfen an die Architektur des Neuen Frankfurt der 1920er Jahre an – mit mehr Wohnfläche, jedoch kleineren Gärten. Wie bei der Nordweststadt in den 1960er Jahren wurden unter den Mehrfamilienhäusern Tiefgaragen gebaut, die autofreie, begrünte Innenhöfe zulassen.

Campus Riedberg Ausgangspunkt für die Bebauung des Riedbergs waren das chemische Institut der Goethe-Universität und die Lurgi AG, damals auf freiem Feld im Norden der Stadt. Der Campus Riedberg ergänzt den Campus Westend im ehemaligen I.G.-Farben-Hochhaus. Das physikalische Institut wurde mit der Martin-Elsaesser-Plakette ausgezeichnet.

Baustelle Riedberg, 2009

Campus Riedberg, Physikalisches Institut, 2005

Campus und neuer Stadtteil Riedberg Wer an derzeit entstehender Architektur ablesen will, wie die achtzig Jahre alten städtebaulichen Konzepte des Neuen Frankfurt bis heute fortwirken, kann dies an der Hangbebauung des neuen Stadtbezirks Riedberg sehen. So wie Ernst May 1926 für seine Siedlungen vor den Toren der Stadt gern die Hanglage der Nidda-Auen oder den Bornheimer Hang nutzte, um sie zur Landschaft hin als weiße Stadt wirken zu lassen, so gibt es am Riedberg ambitionierte Architekten, die Mays Konzepte in heutige Ansprüche übersetzen.

So entstanden 2008 in der Margarete-Steiff-Straße Mehrfamilienhäuser mit Wohnungen unterschiedlicher Größe und Preisstaffelung, die damit für eine Mischung der Mieter und Eigentümer sorgen und zugleich für ausländische Arbeitnehmer attraktiv sind. Wo bis vor kurzem Felder lagen, erheben sich Wohnhäuser oberhalb einer ›Stadtmauer‹, vor der sich ein eigens dafür angelegter Grünstreifen mit einem kleinen Flüsschen, der Bonifatius-Park, ausdehnt. Die Wohnungen erschließen sich über intelligent organisierte Innenhöfe. Ein markantes Eckgebäude wie das ›Take Five‹ bezieht wie vor achtzig Jahren das gesamte Wohnumfeld in die Gestaltung ein: Dazu gehören Details wie raumbildende Stützmauern aus Gabionen, Gärten mit Bänken, unter denen die Belüftung der Tiefgarage verborgen ist, ein Spielplatz und Wohneingänge mit Fahrradständern. Die Mülltonnen haben ihren Platz, und die Binnenwege sind frei vom Autoverkehr. Fest installierte Rankhilfen sorgen für einheitliche Fassadenbegrünung und setzen den Rapport der Fenster und Balkone wohltuend fort. Alles zielt auf Fernwirkung ab.

An anderer Stelle führen die Architekten Kissler+Effgen in der Konrad-Zuse-Straße vor, wie man weiße Zeilenbauten mit Flachdächern durch wenige Elemente wie Sockelmauern aus Backstein und geschütze Hauseingänge zu einem sinnvollen Gesamtbild verbinden kann. Gleichwohl – vom sozialen Anspruch der May-Siedlungen sind diese gestalterisch anspruchsvollen Lösungen weit entfernt. Das konnte auf dem Riedberg auch nicht das Ziel sein, denn dieser neue Bezirk wurde seit Anfang der 1990er Jahre rund acht Kilometer vom Zentrum entfernt als neues Viertel rund um den Campus Riedberg der Goethe-Universität konzipiert. Etwa zehn Jahre später entstanden dann erste Gebäude. Mittlerweile lernen und arbeiten auf dem Riedberg etwa 3000 Studierende – mehr als doppelt so viele Wissenschaftler und Studenten der naturwissenschaftlich-mathematischen Fachrichtungen sollen es noch werden. Die Studentenwohnheime und Häuser, die bis 2017 geplant sind, sollen für Universitätsangehörige der Biochemie, Chemie, Pharmazie, Physik und der Geowissenschaften und Geographie anziehend sein.

Nördliches Mainufer Der Osten der Innenstadt war die vergangenen hundert Jahre durch die Industrie bestimmt, durch den Osthafen am nördlichen Mainufer und den Schlachthof am südlichen Ufer, das zu Sachsenhausen gehört. An beiden Promenaden entstanden im vergangenen Jahrzehnt Parks mit anspruchsvollen neuen Wohnvierteln.

Südliches Mainufer, Deutschherrnviertel Der Brunnen auf dem Walther-von-Cronberg-Platz bildet den Auftakt zum Deutschherrnviertel, das sich am Main zwischen Flößer- und Deutschherrnbrücke entlang zieht.

Blick vom Deutschherrnufer Das Konzept ›Wohnen am Fluss‹ wurde im Osten Frankfurts mit Beginn des 21. Jahrhunderts baulich umgesetzt. Von der Wohnbebauung profitieren auch die Bürger, die nicht hier wohnen, denn seitdem wurden beide Uferzonen gärtnerisch neu gestaltet und mit Radwegen, Wiesen und Bänken aufgewertet.

Wohnen am Fluss

Nördliches Mainufer

Südliches Mainufer, Deutschherrnviertel

Die Rückgewinnung des Mainufers Wenn man vom Sachsenhäuser Ufer hinüber auf die Frankfurter City schaut, wird deutlich, wie sich die Stadt vom historischen Zentrum links und rechts des Eisernen Stegs weit in beide Richtungen am Ufer ausgedehnt hat. Ähnlich wie in größeren Städten – die spektakulärsten Umbauten dürften die Docklands in London sein, man denke jedoch auch an die Hamburger Speicherstadt oder den Kölner Rheinauhafen – wurden auch in Frankfurt am Main die alten Binnenhäfen, die unter preußischer Regierung seit dem späten 19. Jahrhundert mit Vehemenz für das Industriezeitalter ausgebaut wurden, nach Jahren des wirtschaftlichen Niedergangs und der Brache zu attraktiven und in der Regel hochpreisigen Wohn- und Geschäftslagen umgebaut.

Frankfurt besitzt gleich zwei citynahe Industriegebiete am Ufer des Mains, eines im Osten und eines im Westen. Sie entstanden dort, wo die alte Stadt über ihre Stadtmauer hinaus erweitert wurde: Zuerst wurde ab 1886 der Westhafen an Stelle des alten Winterhafens gebaut; kaum war er betriebsbereit, zeichnete sich in der prosperierenden Handelsstadt ab, dass er nicht ausreichen würde. Deshalb baute die Stadt am anderen Stadtende ab 1908 den Osthafen. Mit seinen vier Hafenbecken besitzt er bis heute eine große Bedeutung als Umschlagplatz. Gleichzeitig mit dem Osthafen wurde die Hanauer Landstraße ausgebaut – in den letzten Jahren ist um diese Ausfallstraße ein junges, lebendiges Stadtviertel entstanden.

Seit 1993 fördert die Stadt die Aufwertung der Stadtviertel an den Binnenhäfen; ein entsprechender Ratsbeschluss war das Ergebnis eines mehrjährigen Prozesses, ausgelöst durch die Unzufriedenheit vieler mit der boomenden Bankenstadt in den Siebziger Jahren. In den ›goldenen‹ Achtziger Jahren bemühte sich der Magistrat mit großen Kulturförderprogrammen und erheblichen Investitionen um die Aufwertung der mittlerweile schlecht angesehenen Stadt, die mit Hochhäusern, Drogen, Brandstiftung und Entführungen in die Schlagzeilen geraten war. Um dieses schlechte Image zu verbessern, setzte die Stadt auf Kultur und zog international bekannte Architekten hinzu, um das Sachsenhäuser Ufer mit dem Konzept ›Museumsufer‹ als Teil des Grüngürtels aufzuwerten. Auch der Wiederaufbau der Alten Oper gehört in diesen Zusammenhang. Das höhere Ziel war und ist die urbane Rückgewinnung des Flussufers für die Bevölkerung durch eine Mischnutzung aus Wohnen, Freizeit und Arbeiten.

Der Osthafen als neuer Sitz der EZB Kostspielige Aufwertungen Frankfurts durch Umbauten ganzer Quartiere sind nur durch finanzkräftige Investoren möglich, ›Partner‹, ohne die sich in der kleinen Metropole wenig

Blick vom Deutschherrnufer auf die Flößerbrücke, dahinter die Skyline

bewegen ließe. Es war ein Glück für Frankfurt, dass die Deutsche Bundesbank auch nach der Verlegung des Regierungssitzes nach Berlin in Frankfurt am Main geblieben ist; als Standort von diesem und weiteren 240 Geldinstituten gelang es 1998, die europäische Zentrale der EZB hierher zu ziehen.

Seitdem arbeiten etwa 1100 Mitarbeiter der EZB im Eurotower am Willy-Brandt-Platz, einem rund 150 Meter hohen Turm, der 1977 für die BfG gebaut worden war. Nach langen Verhandlungen mit der Stadt plant die EZB seit 2005 mit dem Wiener Architekturbüro Coop Himmelb(l)au ihre neue Konzernzentrale in der leerstehenden Großmarkthalle als Mittelpunkt eines neuen Quartiers am Osthafen.

Von der Großmarkthalle zum Frischezentrum Als Martin Elsaesser, Mitarbeiter im Dezernat May am Hochbauamt, die Großmarkthalle 1928 fertiggestellt hatte, galt die äußerst moderne, trotz ihrer Länge von 200 Metern ohne Stützen auskommende Halle als technische Meisterleistung und wurde in Fachzeitschriften und einem Film als Inkunabel des Neuen Bauens gefeiert. Auch galt sie lange als größter Eisenbetonbau der Welt.

Dieser baugeschichtliche Wert der bis zum Auszug der rund 130 Händler im Sommer 2004 weitgehend im Original erhaltenen Halle für Obst und Gemüse erklärt die Emotionalität, die alle öffentlichen Debatten um den Umbau begleitet. Wenn man leer stehende Gebäude wie Frankfurts ›Gemieskerch‹ auf Dauer erhalten will, besteht die große Aufgabe stets darin, eine angemessene Neunutzung zu finden. Weil 13 000 Quadratmeter Fläche nach fast acht Jahrzehnten für den Großmarkt zu wenig waren, wurde im Industriegebiet in Kalbach nördlich der Innenstadt das ungleich größere Frischezentrum Frankfurt gebaut. Wenn Handel, Gewerbe und Verwaltung nicht mehr an den Stadtrand oder in billigere Gewerbegebiete außerhalb Frankfurts abwanderten, ginge es vielen Baudenkmalen grundsätzlich besser.

Bis zum Jahr 2011 soll das Areal am Osthafen so umgebaut worden sein, dass die Europazentrale der EZB als weithin sichtbare, die Skyline ins Ostend erweiternde Großstruktur optisch wirksam wird. Dazu entsteht ein neues Bauten-Ensemble, das aus der umgebauten Großmarkthalle und zwei gläsernen, wie in sich gedreht wirkenden, etwa 185 Meter hohen Türmen besteht. Die Architekten verstehen diese Gestalt als Bezugspunkt zum Museumsufer und zum Bankenviertel im Westen. In jedem Fall dürfte die neue EZB das Ostend weiter aufwerten und mit geplanten 1800 Mitarbeitern aus vielen Ländern noch mehr Leben in das prosperierende Viertel bringen.

Westhafen-Tower, 2003

Westhafen-Tower Der gläserne, runde Turm wurde als Auftakt und Wahrzeichen der neuen Westhafen-Bebauung konzipiert. Gebaut wurde er bis 2003 vom Architekturbüro Schneider und Schumacher.

Pumpwerk im Westhafen Der Reiz der neuen Hafenbebauung besteht im Spannungsverhältnis zwischen historischer und moderner Architektur.

Westhafen Mit der neuen Wohnbebauung konnte der Hafencharakter des 560 Meter langen Hafenbeckens und der Mole weitgehend erhalten werden. Das Heizkraftwerk West wird nach wie vor mit Kohle betrieben, im Vordergrund der Entladebagger für Kohlefrachter.

Blick vom Westhafen-Tower Der gläserne Turm lässt einen Rundumblick über Frankfurt zu; hier die Sicht auf die Skyline im Westen der Stadt.

Pumpwerk im Westhafen

Westhafen

Blick vom Westhafen-Tower

Wohnen und Arbeiten am Westhafen

Boote schaukeln auf dem Main, und weiße Wolken spiegeln sich im Wasser – wer luxuriöses Wohnen mitten in der Stadt und dazu auch noch am Wasser liebt, kommt an klaren Sommertagen im Westhafen ganz auf seine Kosten.

Während sich am Osthafen entlang der Hanauer Landstraße viele Firmen, Agenturen und Geschäfte niederließen, die die Hafennähe schätzen, entstand anstelle des nicht mehr genutzten Westhafens im Gutleutviertel bis 2004 ein neues Quartier mit exklusiven Wohnungen und Büros.

Es war ein Rechenexempel: Allein mit Sozialwohnungen wäre das Konzept ›Wohnen am Fluss‹ in dem zwölf Hektar großen Hafengebiet nicht aufgegangen. Städtebaulich betrachtet setzt die Rückgewinnung des westlichen Stadtufers im Gutleutviertel zwischen Hauptbahnhof und Main die Mehrfamilienhäuser der Wiederaufbauzeit in der Altstadt fort – wenn auch mit dem feinen Unterschied, dass sich diese anspruchsvolle Architektur in bester Lage an dem 560 Meter langen und 75 Meter breiten Hafenbecken nur realisieren ließ, indem man eine relativ dichte Reihe von zwölf gleichhohen Häusern konzipierte und darin großzügige Luxuswohnungen anbot.

Die Grundrisse der Penthouse- und Maisonette-Wohnungen sind ganz auf die spektakuläre Aussicht auf den Main ausgerichtet. Folgerichtig verfügen sie oft über eigene Yachtplätze, denn am Ufer wohnt nur, wer das Wasser liebt.

Mit diesem Konzept, ergänzt um eine zweite Reihe von Solitären und weiteren Geschäftshäusern am landseitigen Ufer des alten Hafenbeckens von 1886, gelang es, den Charakter einer Hafenmole zu bewahren und für den ungenutzten Hafen eine sinnvolle neue Nutzung zu finden.

Den städtebaulichen Auftakt zum Westhafen bildet seit 2003 ›das Gerippte‹, wie es in Frankfurt heißt: Offiziell Westhafen Tower genannt, erinnert der etwa hundert Meter hohe Büroturm mit seiner grünlich schimmernden Fasade, die von gläsernen Dreiecken gegliedert wird, an ein Ebbelwoiglas.

Ihren besonderen Charme erhält die Silhouette der neuen Westhafenbebauung aus dem Kontrast zwischen modernen Häuserreihen und Industriebauten wie dem Heizkraftwerk West und dem Pumpwerk.

Gegenüber dem Westhafen liegen am südlichen Mainufer die Universitätskliniken. Mit vielen Instituten, Versorgungs-, Wohn-, Verwaltungs- und Forschungseinrichtungen sind sie in den hundert Jahren seit ihrer Gründung zu einem eigenen Stadtviertel gewachsen. Beide Uferbebauungen korrespondieren und bieten sich wechselseitig interessante Ausblicke auf moderne Architektur.

Grüngürtel, Oberschweinstiege Der Jacobiweiher an der Oberschweinstiege ist nach dem Oberforstmeister Hans Bernhard Jacobi benannt, der die Umgestaltung des Stadtwaldes in ein Naherholungsgebiet in den 1920er Jahren entscheidend vorangetrieben hat.

Blick vom Goetheturm Geheimtipp für Fotofreunde, die vor 196 Holzstufen nicht zurück schrecken: Vom Goetheturm im Stadtwald in Sachsenhausen genießt man einen spektakulären Blick auf die Skyline. Im Vordergrund: der weiße, 1961 als Getreidesilo gebaute Turm der Henninger-Brauerei in Sachsenhausen.

Grüngürtel, Bachtal Es sind die üppigen Wälder des Frankfurter Stadtwalds, ohne die es um die Atemluft in der Großstadt mit ständig steigendem Flugzeugverkehr schlecht bestellt wäre. Die Stadtverwaltung weiß, dass sich niemand die weitergehende Abholzung erlauben kann.

Der Frankfurter Stadtwald

Grüngürtel, Oberschweinstiege

Blick vom Goetheturm

Grüngürtel – Flughafen – Skyline Kontrastreicher und pointierter könnten die Wesensmerkmale der alten Stadt Frankfurt kaum formuliert werden. Der Stadtwald gehört als flächenmäßig größter Teil des Grüngürtels unmittelbar zu dem ebenso leidigen wie wirtschaftlich unverzichtbaren Frankfurter Dauerthema Flughafenausbau. Und von keinem Aussichtsturm sieht man die Skyline wohl eindrucksvoller als ausgerechnet vom 43 Meter hohen Goetheturm am Rande des Stadtwaldes in Sachsenhausen. Im Schatten der Hochhäuser und der Stadtpolitik ist, gleichsam still und heimlich, unabhängig von gehetzter Tagespolitik, über Generationen etwas gewachsen, auf das niemand mehr in Frankfurt verzichten kann: das Konzept des Grüngürtels. Keine deutsche Stadt dieser Größe besitzt einen Kranz aus kilometerlangen Grünzonen, die das Ergebnis einer generationenübergreifenden Planung der Kommune sind.

Zweierlei spielte bei der Entwicklung im 20. Jahrhundert eine Rolle: Einerseits betonte die Stadt seit den 1920er Jahren ihren Standortvorteil für den Flughafen und die verkehrstechnisch günstige Lage im Vergleich mit anderen Städten, wobei Oberbürgermeister wie Franz Adickes und Ludwig Landmann die zukünftigen Ausmaße und die damit verbundenen Belastungen für die Anwohner und die Natur freilich nicht ahnen konnten. Zugleich kümmerte sich die Stadtverwaltung in der wachsenden Großstadt nachdrücklich darum, ihre Siedlungs- und Baupolitik untrennbar mit einem langfristigen Grünkonzept zu verbinden, so dass zu den Siedlungen seit den 1920er Jahren die Grünflächenplanungen stets dazugehörten.

Seit Anfang des 20. Jahrhunderts versuchte man die städtische Landschaft durch ein zusammenhängendes Grünsystem zu verbinden, indem man die einzelnen großen privaten Parks – den Brentanopark, den Günthersburgpark und den Holzhausenpark –, die ausgedehnten städtischen Waldgebiete und die Alleen als Gesamtheit begriff. Rückblickend begann diese Entwicklung mit der Auflösung der mittelalterlichen Stadt und dem Anlagenring nach 1806. Im Westend entstanden großbürgerliche Villen in ausgedehnten Privatparks, 1858 gründeten Bürger den ersten Zoologischen Garten an der Bockenheimer Landstraße, 1869 den Palmengarten. Ab 1906 entstand der 38 Hektar große Ostpark, der kurz vor dem Ersten Weltkrieg durch den nochmals 37 Hektar großen Waldpark Riederwald ergänzt wurde. Gleichzeitig entstanden der Huthpark, der Lohrberg und nicht zuletzt der 46 Hektar große Hauptfriedhof, der größte Park der Innenstadt.

Die größte Fläche des Grüngürtels macht immer noch der Stadtwald südlich des Mains auf mehr als 4000 Hektar aus, wenngleich er immer wieder verteidigt werden muss.

Waldstadion Anlässlich der Fußball-WM 2006 wurde das Stadion erneuert. In der Haupttribüne der ›Commerzbank Arena‹ wird nicht nur gejubelt: Hier befindet sich auch das Eintracht-Frankfurt-Museum.

Tausendjährige Eichen Die berühmten Alt-Eichen im Stadtwald erinnern in ihrer bizarren Gestalt daran, dass der städtische Wald jahrhundertelang als Weide für Schweine genutzt wurde.

Struwwelpeter-Baum Zum Grüngürtel gehören komische Skulpturen, die sich den Künstlern der Neuen Frankfurter Schule verdanken. Zu den Kunstwerken von K. A. Waechter gehört der Struwwelpeter-Baum bei Schwanheim.

Schafe Nicht selten begegnet man im Stadtwald – hier auf den Schwanheimer Wiesen – Schafherden, die vom Westerwald über Wiesbaden bis nach Offenbach, Hanau und zurück ziehen.

Schwanheimer Wiesen Ausgedehnte Wiesen, große Waldspielplätze, Seen, ein Golfplatz und Reitwege machen den Stadtwald zu einem unersetzlichen Refugium.

Waldstadion

Tausendjährige Eichen

Struwwelpeter-Baum

Schafe

Das Frankfurter Waldstadion Für Eintracht-Fans schlägt hier das Herz von Frankfurt: Mitten im Grünen, im Stadtwald, liegt das Stadion der Frankfurter, das wahre Fußballfreunde hartnäckig weiterhin Waldstadion nennen. Die Zeit arbeitet für sie, denn der am 1. Mai 2005 mit der städtischen Betreibergesellschaft geschlossene Vertrag ist auf zehn Jahre befristet: So lange darf die Commerzbank mit dem Namen Commerzbank Arena werben.

Die einzigartige Lage im städtischen Wald lässt den Weg zum Stadion, das anlässlich der Fußball-Weltmeisterschaft im Sommer 2006 bei laufendem Betrieb in fünf Bauphasen völlig umgebaut wurde, besonders nach Einbruch der Dämmerung zu einem romantischen Prozessionsweg werden. Jede Arena ist ein Identifikationsbau der Öffentlichkeit, das gilt spätestens seit Einweihung des antiken Colosseums in Rom, und ganz besonders für das Frankfurter Stadion: Bei Dunkelheit leuchtet das 210 Meter lange und 190 Meter breite Oval von innen heraus in einem warmen Goldton, während der flache Dachkranz in weißem Licht erstrahlt und unvermittelt an einen Heiligenschein denken lässt. Ein heiliger Ort für viele, ein Ort, an dem Siege und Niederlagen von großen Gefühlen begleitet sind, die nichts mehr mit Alltag zu tun haben. Es ist richtig, dass eine Arena wie diese nobel, sogar majestätisch über dem Wald zu schweben scheint. Immerhin finden in dieser zum Himmel hin offenen Architektur Sportveranstaltungen und Konzerte statt, die visuell und akustisch in alle Welt übertragen werden. In keinem anderen öffentlichen Raum Frankfurts kulminieren die kollektiven Gefühle von mehr als 52 000 anwesenden Zuschauern oder noch mehr Konzertbesuchern. Der Ort selbst war seit der Eröffnung des Vorgängerbaus im Jahr 1925 Bühne für etliche Großereignisse und ist nicht nur mit wichtigen Fußballspielen, sondern auch mit der Zeit der großen Stadionkonzerte in Deutschland seit den 1980er Jahren verbunden.

Das Waldstadion war 1925 der erste große öffentliche Bau, der – ebenso wie die großen Siedlungen des Neuen Frankfurt – in den wirtschaftlich äußerst schwierigen Jahren zwischen dem Ersten Weltkrieg und der Weltwirtschaftskrise verwirklicht wurde. Deshalb besaß das Stadion für die Frankfurter schon immer eine besondere Symbolkraft; städtebaulich gehörte es zu den verdienstvollen Grünplanungen unter dem langjährigen Gartenbaudirektor Max Bromme, der gleich nach dem Krieg 1919 einen Volks-Sportpark mit Stadion-Kampfbahn, Schwimmbädern, Licht- und Luftbad vorgesehen hatte.

Ein Symbolgebäude des 21. Jahrhunderts wäre lächerlich, würde es nicht hohen Ansprüchen an den Komfort genügen. Fußballfreunde sind glücklich darüber, dass

Schwanheimer Wiesen

die Tribünen unmittelbar an das Spielfeld heranreichen und man beim Neubau auf eine Leichtathletik-Laufbahn verzichtete. Während kurz vor der Fußball-WM 2006 mehrere große Fußballstadien in Deutschland umgebaut wurden und jedes davon nach markanten Unterscheidungsmerkmale suchte, fand das für Frankfurt beauftragte Hamburger Architekturbüro von Gerkan, Mark und Partner ein prägnantes Zeltdach, das einer Felge mit Speichen nachempfunden ist.

Die mit mehr als 37 000 Quadratmetern Fläche als größtes Stahl-Seil-Membran-Innendach der Welt beworbene Polyester-Dachhaut kann in einer Viertelstunde vollständig geschlossen werden. Bei Sonne sind die teflonbeschichteten Membrane in dem 31 Kubikmeter großen Videowürfel verschwunden, der über dem Spielfeld zu schweben scheint. Außerdem kann, wer auf den erhebenden Fußweg zum Stadion verzichten will, sein Auto auf einem der 1800 Stellplätze unter der Arena parken.

Zentren des Sports im Wald der Stadt Im Umkreis der Fußballarena unterhalten wichtige Sportverbände ihre Geschäftsstellen, etwa der DFB, der Landessportbund, der Deutsche Turnerbund, das NOK und der Deutsche Olympische Bund. Nördlich des Stadions dehnt sich ein beliebter Golfplatz aus. Heute ein Ort für Sport und Freizeit, wurde der städtische Wald jahrhundertelang gebraucht, um Nutztiere zu ernähren. Die Flurnamen und die seit dem 19. Jahrhundert bestehende Waldgaststätte Oberschweinstiege erinnern daran, dass die Sachsenhäuser und Schwanheimer seit dem Mittelalter ihre Schweine im Wald hüteten. Denn der Stadtwald war ein alter, kontinuierlich gepflegter Eichen- und Buchenwald, und nur hier gab es die nahrhaften, frischen Eicheln und Bucheckern, die das Fleisch so schmackhaft machen. Der Speiseplan wurde durch Wildkräuter und Pilze bereichert, eine natürliche Medizin für die frei laufenden Schweine.

Heute treffen Spaziergänger im Stadtwald zuweilen einen Schäfer mit seiner Herde; er kommt mit seinen etwa 600 Tieren vom Westerwald und bahnt sich seine eigenen Wege zwischen den Großstädten. Hügelgräber aus der Hallstattzeit zeigen, dass die waldreiche, fruchtbare Landschaft am Mainufer Jahrtausende lang Menschen und Tiere ernährte. Neben der Dresdner Heide zählt der etwa 4000 Hektar große Frankfurter Stadtwald zu den größten innerstädtischen Wäldern in Deutschland. Fast hundert Jahre lang hatte die Stadt mit dem Deutschen Orden um die Jagd- und Weiderechte an dem Waldgebiet gekämpft, nachdem sie 1372 von Kaiser Karl IV. große Teile gekauft hatte. Heute streiten Bürger oft gegen Magistratsbeschlüsse, um die grüne Lunge Frankfurts zu bewahren.

In Alt-Schwanheim Im alten Dorfkern des heutigen Frankfurter Stadtteils Schwanheim sind noch viele Fachwerkhäuser, verwinkelte Gassen und Innenhöfe erhalten.

Staustufe Griesheim Ein technisches Denkmal zwischen Griesheim und Schwanheim, das zugleich als Fußgängerbrücke über den Main genutzt wird, ist die von Paul Bonatz geplante Staustufe. Um die Staustufe entstand ein Vogelschutzgebiet.

In der Schwanheimer Düne Auch das gehört zum Frankfurter Stadtgebiet im Südwesten: Die Schwanheimer Düne ist ein Naturschutzgebiet, in dem seltene Vögel brüten.

Schwanheimer Düne

In Alt-Schwanheim

Staustufe Griesheim, 1932

Alt-Schwanheim und die Düne Selbst alt eingesessene Frankfurter wissen oft nicht, dass es auf Frankfurter Stadtgebiet eine spektakuläre Naturerscheinung gibt, die etwa zehntausend Jahre alt ist und von der EU im Jahr 2003 zum Schutzgebiet erklärt wurde: die Schwanheimer Düne. Ältere Schwanheimer erzählen, dass sie als Kinder gern in der Düne gespielt haben, wo sie nach Herzenslust wie am Meer Sandburgen bauen konnten. Heute muss man die Düne vor Müll und Vandalismus schützen und setzt auf soziale Kontrolle, indem man die Besucher mit Informationstafeln auf die Empfindlichkeit der seltenen Landschaft hinweist und mit Recht darauf besteht, dass sich Spaziergänger ausschließlich auf dem 1999 gebauten Bohlenweg bewegen.

Tatsächlich handelt es sich um eine echte Düne – eine Naturerscheinung, die im Binnenland, weit entfernt von der Küste, sehr selten vorkommt. Die Schwanheimer Düne ist fast 59 Hektar groß und besteht hauptsächlich aus trockenem, nährstoffarmen Sand, der an manchen Stellen von Moosen und Flechten bewachsen ist. Auf dem sandigen Untergrund wachsen kleine Wäldchen aus buschähnlichen Kiefern, deren Äste tief herabhängen. In dieser eigenwilligen, für Frankfurter Verhältnisse – man erinnere sich an die satten, fetten Böden, auf denen in Sachsenhausen und Oberrad die Kräuter für die Frankfurter Grüne Soße gedeihen – kargen Naturlandschaft leben Tiere und Pflanzen, die ausschließlich hier zu finden sind. DER BUND, der Bund für Umwelt und Naturschutz, kümmert sich in der Düne um Heidschnucken, die für eine natürliche Landschaftspflege sorgen. Außerdem können Spaziergänger in der Düne Fasane entdecken, manchmal auch Pirole, Goldammern und Heidelerchen.

Nicht nur die Düne, auch die Landschaft der näheren Umgebung, das so genannte Schwanheimer Unterfeld, wird sorgsam gehegt. Die stillgelegten Kiesgruben, die sich lange schon mit Wasser gefüllt und zu Seen entwickelt haben, sind mit Streuobstwiesen, Sträuchern, Gebüsch und Hecken umgeben und bieten mit dieser Beschaffenheit ein geschütztes Brutrevier für Vögel.

Was heute so idyllisch wirkt, ist jedoch kein Resultat ungestörter natürlicher Entwicklung. Im Gegenteil: Gerade die geologische Besonderheit des feinen Sandes war für die Industrie lange lukrativ. Bis zum Zweiten Weltkrieg wurde in der Schwanheimer Düne in großem Stile Sand abgebaut. Betonklötze, die man mittlerweile aus dem Naturschutzgebiet entfernt hat, dienten auf dem sandigen Grund als Auflager für Schienen, auf denen eine Lorenbahn fuhr. Gezogen wurden die schweren Sandloren von Pferden oder von den Arbeitern selbst. Im Zweiten Weltkrieg wurde in der Düne eine Flak-Stellung installiert,

In der Schwanheimer Düne

und nach dem Krieg setzte eine Firma den Sandabbau weiter fort. In der größten Grube entstand nach der Stilllegung ein mittlerweile von dichtem Schilf und Unterholz geschützter See, der vom Bohlenweg zu sehen ist.

1932 die modernste Staustufe Europas Die an den Main angrenzenden Ortschaften Fechenheim, Schwanheim, Griesheim, Sossenheim, Nied und die Stadt Höchst waren 1928 gerade eingemeindet worden, als die Stadt gemeinsam mit dem preußischen Staat im Jahr darauf bei Griesheim eine mächtige Staustufe am Main bauen ließ, um Frankfurt an das Rhein-Schifffahrtssystem anzubinden. Durch diese und zwei weitere Staustufen in Fechenheim und Eddersheim konnten auch größere Schiffe problemlos den Frankfurter Osthafen erreichen, der seit 1908 als wichtigster Binnenhafen der Stadt ausgebaut worden war. Zu dieser Zeit gab es zwar schon Schleusenanlagen am Main, die im Zuge der Mainkanalisierung und Ausbaggerung der Jahre 1883 bis 1886 entstanden waren, doch sie waren zu klein und zu langsam für den zunehmenden Schiffsverkehr.

Diese Staustufe zwischen Griesheim und Goldstein ist als öffentliche Fußgängerbrücke immer zugänglich – wobei sie nachts besonders eindrucksvoll ist. Die aus Staustufe mit Schleuse bestehende Anlage ist rund um die Uhr besetzt, denn jeden Tag passieren hier etwa 60 Schiffe. Gebaut hat die Griesheimer Staustufe der bekannte Architekt Paul Bonatz (1877 – 1956) zwischen 1929 und 1932. Bei der Einweihung im September 1932 galt sein Walzenwehr als leistungsfähigste Binnenschifffahrtsanlage Europas. Mit drei Wehren von je 40 Metern Länge und einer Fallhöhe von etwa 4,50 Metern funktioniert die Griesheimer Staustufe bis heute nicht nur sehr gut, sondern wurde von Bonatz auch gestalterisch bewusst als modernes Verkehrsbauwerk in die Flusslandschaft hinein konzipiert.

Paul Bonatz hatte zu dieser Zeit bereits viele Brücken, Schulen, Stadthallen, Geschäftshäuser, Bahnhöfe wie den Stuttgarter Hauptbahnhof und daneben Privatvillen für Industrielle und Bankiers gebaut, nicht zu vergessen die Sektkellerei Henkell in Wiesbaden-Biebrich, das so genannte Henkell-Schlösschen von 1909. Der Entwurf für die Griesheimer Staustufe fällt in jene Jahre, in denen Bonatz zugleich für eine Reihe von Staustufen für die Neckar-Kanalisierung verantwortlich war.

In der nahe gelegenen Schwanheimer Düne wurde Sand abgebaut, während die Griesheimer Staustufe den Gütertransport auf dem Main effizienter machte. Das Naturdenkmal und das technische Denkmal erinnern an die weitreichenden Modernisierungen, mit denen die Stadt auf die exponentiell wachsende Einwohnerzahl reagierte.

Schülergarten Brentano- und Solmspark in Rödelheim sind durch Altarme der Nidda miteinander verbunden. Hier baute Eugen Kaufmann 1931 einen originellen Gartenpavillon für den zeitgleich entstandenen Schülergarten.

Ginkgo vor dem Petrihaus Ein bizarrer Baum, der untrennbar mit dem Namen Goethe verbunden ist, zwischen Petrihaus und dem Wehr, das über die Nidda führt.

Grundriss der Burg Rödelheim Das alte Dorf Rödelheim entwickelte sich um eine Burg herum, aus der später ein Schloss hervorging. In einem Projekt mit Architekturstudenten wurde diese intelligente Lösung im Solmspark entwickelt, die den Grundriss veranschaulicht.

Das Petrihaus Das nach denkmalpflegerischen Vorgaben wieder hergestellte Petrihaus ist ein beliebter Veranstaltungsort für Kunst, Kultur, Lesungen und Sommerfeste im Brentanopark.

Brentanopark

Schülergarten, 1931   Ginkgo vor dem Petrihaus, um 1750   Grundriss der Burg Rödelheim

Neues Bauen und Niddaregulierung Links und rechts der Nidda, oder für Autofahrer formuliert, links und rechts der Ludwig-Landmann-Straße, dehnen sich im Nordwesten Frankfurts die Stadtteile Hausen und Rödelheim aus, zwei ehemalige Dörfer, die wegen ihrer Citynähe als Wohngebiete beliebt sind. Viele kennen hier vor allem eines: den Brentanopark mit dem Brentanobad, das 1930 das größte Freibad an der Nidda war. Ebenso wie der Günthersburgpark und der Holzhausenpark, so ist auch der Brentanopark aus altem Familienbesitz hervorgegangen.

Die heutige Gestalt von Brentanobad und -park ist das Ergebnis der Nidda-Regulierung von 1928/29, für die der städtische Gartenbaudirektor Max Bromme und sein Mitarbeiter Otto Dereth verantwortlich waren. Der Brentanopark geht in den Solmspark über. Zu diesem gehört gleich gegenüber dem stadtbekannten Schweizerhaus ein auffälliger Pavillon mit roten Stützen, der ganz dem Neuen Bauen verpflichtet ist. Als ›Brentanopavillon‹ wird er heute vom Rödelheimer Heimat- und Geschichtsverein genutzt. Gebaut wurde er 1931 von Eugen Kaufmann als Gerätepavillon für einen fächerförmig angelegten Schülerarbeitsgarten – heute ein Rosengarten –, der nach dem klugen pädagogischen Konzept der Lebensreformbewegung angelegt wurde.

Das erwähnte Schweizerhaus am Ufer der Nidda ist das Petrihaus, das seit fast zehn Jahren wieder erlebbar ist. Einst gehörte es dem Bankier Georg Brentano, dem Bruder der Dichter Bettine und Clemens. Bettine hatte 1825 von diesem Haus ein Ölbild gemalt, an dem sich die Sanierung orientierte.

Das Ferienhaus der Familie Brentano Bettines erfolgreicher Bruder Georg Brentano hatte dem Bäckermeister Johannes Petri zuvor an dieser Stelle ein Fachwerkhaus abgekauft, das er sich um 1820, ganz nach der Mode der Zeit, zum klassizistischen Schweizerhaus umbauen ließ. Beraten wurde er dabei von Karl Friedrich Schinkel, der auch dem preußischen Prinzen ein – allerdings echtes – Schweizerhaus aufstellen ließ, das sich der Prinz als romantisches Gästehaus am Hang oberhalb seiner Burg Rheinstein bei Bingen gewünscht hatte.

Georg Brentano erwarb über Jahrzehnte hinweg in Rödelheim kleinere Grundstücke, um sein gärtnerisches Lebenswerk, den Park, zu vergrößern, der heute im Nidda-Park aufgeht. Manche nehmen an, dass auch Goethe einige Parkideen beisteuerte; ein prachtvoller alter Ginkgo vor dem Brentanohaus erinnert an den Dichter. Auch wird das winzige Gartenhäuschen Goethetempelchen genannt, wenngleich es als eine Umkleide diente.

Die Nidda bei Praunheim Heute ein Freizeitpark mit Rad- und Spazierwegen, geht der Niddapark auf die Flussregulierung des frühen 20. Jahrhunderts unter Max Bromme zurück. Die Wehre sind technische Denkmale und Fußgängerbrücken.

Im Niddapark Die Niddaregulierung war die Voraussetzung für Mays effektive Siedlungsbauprogramme in den Zwanziger Jahren. Das Ergebnis seit 80 Jahren: stadtnahes Wohnen im Grünen.

Nidda-Altarm bei Bonames An vielen Stellen, wie hier in Bonames, haben die mäandernden Altarme der Nidda die ursprüngliche Erscheinung des Flüsschens behalten.

Die Nidda

Die Nidda bei Praunheim

Im Niddapark

Max Brommes Niddaregulierung Was wären die seit den 1920er Jahren entstandenen nordwestlichen Stadtteile Frankfurts ohne den Volkspark Niddatal? Ein großer Teil dieser ausgedehnten Wiesen und Wäldchen ging zwar aus der BUGA hervor, der Bundesgartenschau des Jahres 1989. Seitdem gestalten und pflegen städtische Gärtner mit etlichen Helfern den mit 148 Hektar größten Volkspark Frankfurts, der nördlich von Heddernheim in die Niddaauen bei Bonames mit dem Alten Flugplatz übergeht. Doch die eigentliche Flussregulierung hatte die Stadt bereits vor dem Ersten Weltkrieg geplant. Denn bis dahin stellte es kein Problem dar, dass die mäandernde Nidda ihr Wasser seit Jahrtausenden in eine weite Auenlandschaft ergoss. Die Niddaregulierung war die direkte Folge der Landflucht des 19. Jahrhunderts und der damit verbundenen Wohnungsnot in Frankfurt. Um die eingemeindeten Ortschaften weiter in Richtung Nidda zu bebauen, galt es, Hochwasser zu verhindern.

Der langjährige Gartenbaudirektor Max Bromme war für die Umnutzung der Nidda durch Wehranlagen, Brücken und ebenso für die ehemaligen Freibäder zuständig. Bromme hatte die Flussregulierung bereits weitgehend umgesetzt, als Oberbürgermeister Ludwig Landmann 1925 seinen Stadtbaurat Ernst May mit weiteren großen Siedlungsprojekten im Niddatal betraute. Nur durch Brommes Hochwasserschutzmaßnahmen konnte May die weiten Grünflächen zu beiden Flussufern in seinen Bebauungsplan einbeziehen und damit den Siedlungen ihren besonderen Charme verleihen.

Rückblickend war dies auch die Voraussetzung für das Konzept des Grüngürtels, für den der Architekt Till Behrens bereits 1968 einen Plan einschließlich des Museumsufers vorlegte. Zu Mays Zeiten war der Freizeitwert der Niddalandschaft weniger wichtig als zwei andere Aspekte: die Belüftung der Innenstadt vom Taunus her und die Möglichkeit für die neuen Siedler, sich durch Kleingarten-Kolonien selbst zu versorgen, die May in einem Zuge mit den Siedlungen planen und anlegen ließ.

Der Geopfad Stadt-Land-Fluss Seit 2008 erklärt der 7,5 Kilometer lange ›Geopfad Stadt-Land-Fluss‹ viele geographische und geowissenschaftliche Zusammenhänge im Niddapark, so etwa zwischen der Nidda, der Stadtplanung und zukünftigen Bauprojekten am Nordrand Frankfurts. Die erste von zehn Informationstafeln steht in der Nähe der U-Bahn-Haltestelle Römerstadt, die letzte Tafel der Route findet man im Bonifatiuspark am Riedberg. Auf dem dortigen Campus Riedberg wird ein Aussichtsturm geplant, der einen imposanten Blick auf Taunus, Spessart, Oberrheingraben, Odenwald und die Skyline geben wird.

Metzler'sches Palais Bonames – das ist geballte, kontrastreiche Geschichte auf engstem Raum an der Nidda. Unweit des Alten Flugplatzes liegt das Palais der Familie Metzler.

Grüngürteltier Das Wappentier des Grüngürtels hat der Künstler Robert Gernhardt im Jahr 2001 gezeichnet. In Bronze gegossen, sitzt es nun auf der Robert-Gernhardt-Brücke am Alten Flugplatz Bonames.

Biotop statt Beton Aus den planmäßig zertrümmerten und aufgeschichteten Betonplatten wurde ein Biotop geschaffen, in dem Pflanzen, Insekten und Kleingetier Unterschlupf finden.

Startbahn Wo seit 1951 amerikanische Militärhubschrauber starteten und landeten, können sich nun Kinder austoben und durch die Nidda-Auen streifen.

Alter Flugplatz Bonames

Metzler'sches Palais, 1770, 1827

Grüngürteltier

Biotop statt Beton

Grüngürteltier und Metzler'sches Palais Viele wissen nicht, dass der einzigartige Frankfurter Grüngürtel auch eine eigene Spezies hervorbrachte, die Darwin übersehen hat. Das Fabelwesen ›Dasipus franconi‹, zu deutsch: das Grüngürteltier, dürfte genetisch aus einer Mischung von Schwein und Molch hervorgegangen sein. Seit 2006 hockt es, in Bronze gegossen, auf dem Brückengeländer der Niddabrücke in Bonames, hat sich jedoch auch an anderen Stellen im Grüngürtel versteckt. Der 2006 verstorbene Zeichner und Schriftsteller Robert Gernhardt hat das Wappentier des Grüngürtels 2001 erstmals gezeichnet.

Das Grüngürteltier entstand im Zuge der Renaturierung der Nidda und der Neunutzung des amerikanischen Militärhubschrauberplatzes Bonames aus dem Jahr 1951. Ein Teil der Landebahn ist bei Inline-Skatern beliebt, ein anderer Teil wurde mit System zu Betonschollen zertrümmert und so aufgeschichtet, dass sich in den Zwischenräumen unterschiedliche Biotope entwickeln konnten. Für die Bewirtung des beliebten Abenteuerspielplatzes im Grünen sorgt der Verein ›Werkstatt Frankfurt e.V.‹, der das Café im ehemaligen Tower betreibt.

Nördlich dieser rückgewonnenen Idylle in der Niddaaue liegt seit mindestens tausend Jahren der alte Ortskern der 1910 eingemeindeten Ortschaft Bonames mit Fachwerkhäusern und dem Metzler'schen Palais.

Da hier, an der Einmündung des Kalbaches in die Nidda, in der Antike eine Fernstraße zum Taunus führte, gehört Bonames zu jener Kette von Orten, die am Nordufer der Nidda in römischer Zeit gegründet wurden. Als Zollstätte der Reichsstadt Frankfurt wurde Bonames später mit einer Burg und einer Umwehrung gesichert. Bis heute erhalten geblieben ist die Niddabrücke aus dem Jahr 1482, über die nach wie vor die uralte Wegeführung, die Homburger Landstraße, führt. Durch die Regulierung der Nidda überbrückt die Niddabrücke jedoch seit 1961 lediglich den nunmehr ausgetrockneten Altarm.

Gleich hinter der Brücke steht am Dorfeingang zu Alt-Bonames das Metzler'sche Palais: Das klassizistische Landhaus im Besitz der bekannten Frankfurter Familie erinnert an die Zeit der Klassik und Romantik, als Frankfurt dank einiger kulturfördernder Familien eine kurze Blütezeit erlebte. Die Familie hatte hier ein barockes Gutshaus von 1770 erworben, dessen Baugeschichte ins Mittelalter zurückreichte und das sie sich ab 1827 klassizistisch umbauen ließ. Weitaus älter als das erhaltene Gebäude mit den grünen Fensterläden ist der auffällige Rundturm: Er wurde als letzter von vormals elf Türmen der Ortsbefestigung von 1413 beim Umbau mit einbezogen und im Zeitgeschmack der Romantik mit gotischen Spitzbogenfenstern und einem Zinnenkranz geschmückt.

Weinberg im Lohrpark Im Frankfurter Stadtteil Seckbach wächst seit den 1920er Jahren am Hang des Volksparks Lohrberg der stadteigene Riesling.

Riesling vor der Skyline Dort liegt neben dem Weinberg das größte Streuobstzentrum der Region.

Streuobstzentrum Ein engagierter Verein bietet auf dem Lohrberg, den Jahreszeiten entsprechend, ein phantasievolles Programm für Kinder und Erwachsene an: angefangen von einem Blütenfest im Frühjahr, über die Apfelernte im Herbst bis hin zu handfesten Kursen für das richtige Schneiden von Obstbäumen.

Lohrberg

Weinberg im Lohrpark

Riesling vor der Skyline

Riesling, Honig und frischer Apfelsaft Alles dies gibt es auf dem Frankfurter Lohrberg, einem Landschaftspark im Nordosten, im Stadtteil Seckbach. Seit 1900 eingemeindet, hat das bereits im 9. Jahrhundert entstandene Bauerndorf Seckbach im Kern seinen ländlichen Charakter mit barocken Fachwerkhäusern bewahrt. Vom Lohrberg aus gesehen, liegt dem Spaziergänger die Frankfurter Skyline zu Füßen. Wer Frankfurt lieben lernen will, sollte sich in diesem Volkspark die erste Frühlingssonne ins Gesicht scheinen lassen, dem Vogelgezwitscher lauschen und sich auf der Terrasse des rustikalen Ausflugslokals mit dem Charme der 1920er Jahre einen Schoppen gönnen.

Zu verdanken ist dieser Volkspark wiederum der kurzen Zeitspanne zwischen den beiden Weltkriegen unter Oberbürgermeister Ludwig Landmann und seiner ausdrücklichen Förderung großer Erholungszonen für die Bevölkerung. Nachdem ab 1911 in Seckbach bereits der Huthpark als Landschaftspark für Sport und Spiele entstanden war, legte der nächste Gartenbaudirektor der Stadt, Max Bromme (1878–1974), an den Hängen des Lohrberges ab 1919 eine Garten-Dauerkolonie an, die er im Laufe der 1920er Jahre mit seiner weitläufigen Parkanlage auf dem Lohrberg und einem Rebenhang vervollständigte. Seit 1971 gehört die etwa ein Hektar große Rebfläche Lohrberger Hang als kleinste Einzellage zum Weinbaugebiet Rheingau. Auf diesem Weingut der Stadt Frankfurt am Main wächst ausschließlich Riesling. Immerhin kann die Stadt im Jahr etwa 10 000 Flaschen abfüllen, verkaufen – oder bei Festakten anbieten.

Das Streuobstzentrum auf dem Lohrberg Ganz im Sinne städtischer Volksparkpolitik und der Reformbewegung des frühen 20. Jahrhunderts, sorgt der Verein MainÄppelHaus Lohrberg Streuobstzentrum e.V. seit 2003 dafür, dass der in Frankfurt einzige Beratungsgarten für Kinder und Erwachsene weiterhin erhalten bleibt und so das über Jahrhunderte angesammelte Wissen über das richtige Schneiden unterschiedlicher Obstbäume weitergegeben wird. Die Apfelspezialisten pflegen auf dem Lohrberg fast tausend Apfelbäume, die außerordentlich aromatische Äpfel für den handwerklich gepressten Apfelsaft geben.

Im Keller des Hofladens reifen verschiedene Sorten des ›Stöffchens‹, des geliebten und gefürchteten Ebbelwoi. Wer diesen naturbelassenen Wein aus Äpfeln vom Lohrberg je gekostet hat, ahnt, was einen Frankfurter ins Schwärmen bringen kann. Und so sieht man in der warmen Jahreszeit Menschen mit vollen Kanistern und beseeltem Lächeln aus dem Lohrberger Apfelparadies kommen.

Internetseiten mit weiterführenden Links

www.frankfurt.de
Offizielle Website der Stadt mit Links auf weitere Websites, auf die Frankfurter Museen, deren Bibliotheken, auf die Goethe-Universität etc.

www.stadtgeschichte-ffm.de
Website des Instituts für Stadtgeschichte im ehemaligen Karmeliterkloster. Dort gibt es unter anderem einen großen Bestand an Fotografien und mehrere Datenbanken zur Geschichte der Stadt.

www.geschichte-frankfurt.de
Gesellschaft für Frankfuter Geschichte e. V.

www.frankfurt-tourismus.de
Informationen für Frankfurt-Gäste, Hinweise auf Hotels und den Frankfurter Flughafen, verfügbar in acht Sprachen.

www.vermessungsamt.frankfurt.de
Unter ›Stadtplan‹ gibt es dort eine Fülle von themenbezogenen Frankfurter Stadtplänen in vielen Maßstäben.

www.route-der-industriekultur-rhein-main.de

Eine Auswahl einiger Museen

www.historisches-museum.frankfurt.de

www.dam-online.de
Deutsches Architekturmuseum

www.deutsches-filmmuseum.de

www.dommuseum-frankfurt.de

www.ernst-may-gesellschaft.de
Ernst-May-Haus in der Römerstadt, Frankfurt-Heddernheim

www.fkv.de
Frankfurter Kunstverein im Steinernen Haus am Römerberg

www.goethehaus-frankfurt.de
Freies Deutsches Hochstift Frankfurter Goethe-Museum

www.juedischesmuseum.de
Jüdisches Museum und Museum Judengasse der Stadt Frankfurt am Main

www.liebieghaus.de
Liebieghaus Skulpturensammlung

www.museumfuerangewandtekunst.frankfurt.de

www.ikonenmuseumfrankfurt.de

www.mdw-frankfurt.de
Museum der Weltkulturen

www.museumsstiftung.de
Museum für Kommunikation, früher Postmuseum

www.mmk-frankfurt.de
Museum für Moderne Kunst

www.schirn.de
Schirn Kunsthalle

www.staedelmuseum.de
Das Städel

Lesestoff

Wer in Frankfurt wohnt und in die lokale Geschichte einsteigen will, dem sei die Zentrale der Stadtbibliothek in der Hasengasse 4 empfohlen: Im Foyer sind mehrere Regalmeter mit Frankfurt-Literatur (vom Bildband bis zu literarischen Beschreibungen, von Goethe bis zu Adorno, über die Frankfurter Bürgermeister und die Geschichte einzelner Stadtteile) im Freihandmagazin verfügbar, kostenlos zugänglich für jeden Besucher.

Außerdem hat der Leser in Frankfurt den großen Vorteil, in der Deutschen Nationalbibliothek und der Universitätsbibliothek sämtliche deutschsprachigen Publikationen bis hin zu kleinen Aufsätzen in wenigen Stunden zur Verfügung zu haben. Wegen dieser günstigen Situation kann sich unsere subjektive Auswahl auf die Nennung einiger benutzter Publikationen beschränken.

Ein ständiger Begleiter war das Verzeichnis der gesetzlich geschützten Baudenkmale der Stadt:

Denkmaltopographie Stadt Frankfurt am Main. Teil der Denkmaltopographie der Bundesrepublik Deutschland. Kulturdenkmäler Hessen. Herausgegeben vom Denkmalamt der Stadt Frankfurt am Main, bearbeitet von Heinz Schomann, Völker Rödel, Heike Kaiser. Frankfurt am Main 1986, 1994, mit Ergänzungsbänden, so etwa zum Hauptfriedhof, dessen Grabmäler allein einen ganzen Inventarband füllen.

Wer hingegen ganz kurze kunsthistorische Darstellungen sucht:

Georg Dehio: Handbuch der deutschen Kunstdenkmäler. Hessen II. Der Regierungsbezirk Darmstadt. Bearbeitet von Folkhard Cremer und anderen. München, Berlin 2008.

Unverzichtbar zur Stadtentwicklung vom Zweiten Weltkrieg bis in die 1990er Jahre bleiben die Arbeiten des langjährigen Leiters des Hochbauamtes:

Hans-Reiner Müller-Raemisch: Frankfurt am Main. Stadtentwicklung und Planungsgeschichte seit 1945. Frankfurt und New York 1996.

Darüber hinaus haben international gefragte, in Frankfurt am Main beratend und bauend tätige Architekten und Stadtplaner, namentlich die Büros von Albert Speer, Christoph Mäckler und Jochem Jourdan grundsätzliche Überlegungen zur Stadt- und Hochhausplanung publiziert, auf die man über das Internet schnell gelangen kann. Weiterhin sei verwiesen auf die Ausstellungskataloge des DAM und des Historischen Museums.

Aktuelle Diskussionen in Frankfurt über Hochhausplanungen und Altstadtumbau werden stets begleitet von Publikationen der Architekten- und Stadtplanerkammer Hessen und vom Bund Deutscher Architekten (BDA), namentlich oft herausgegeben von Rolf Toyka und Manuel Cuadra.

Eine Darstellung aus der Innenperspektive der städtischen Politik über Frankfurts Geschichte seit 1945 gibt:

Balser, Frolinde: Aus Trümmern zu einem europäischen Zentrum. Geschichte der Stadt Frankfurt am Main 1945–1989. Herausgegeben von der Frankfurter Historischen Kommission. Sigmaringen 1995. (= Veröffentlichungen der Frankfurter Historischen Kommission Band XX.)

Eine schöne Einführung zur jüngsten Architektur liest man bei:

Christof Bodenbach: Die kleinste Metropole der Welt. Frankfurt am Main 2008.

Christof Bodenbach (Hsg.): Neue Architektur in Frankfurt am Main. Ein Architekturführer von Andrea Cünzer, Steffi Helm und Moritz Kleisinger. Hamburg 2008.

Grundlegende Informationen zu einzelnen Personen hat der verdienstvolle Historiker Wolfgang Klötzer gesammelt:

Wolfgang Klötzer (Hsg.): Frankfurter Biographie. Zwei Bände, Frankfurt am Main 1994. (Darüber hinaus sind viele andere Publikationen von Wolfgang Klötzer empfohlen.)

Wer weiter in die Geschichte der Stadt einsteigen will:

Frankfurt am Main. Die Geschichte der Stadt in neun Beiträgen. Herausgegeben von der Frankfurter Historischen Kommission. Sigmaringen 1991, 2. Auflage 1994. (= Veröffentlichungen der Frankfurter Historischen Kommission Band XVII.).

Alte Fotografien mit kurzen, prägnanten Texten zur Stadtentwicklung gibt neben Wolfgang Klötzer auch:

Dieter Bartetzko, Detlef Hoffmann, Almut Junker, Viktoria Schmidt-Linsenhoff: Frankfurt in frühen Photographien 1850–1914. München 1977, 2. Auflage 1988.

Wer einen schnellen Überblick über die Architektur haben möchte:

Wolf-Christian Setzepfand: Architekturführer Frankfurt am Main. 3. Auflage Berlin 2002.

Zwei grundlegende Darstellungen über die Entwicklung des Neuen Bauens in den 1920er Jahren:

Heike Risse: Frühe Moderne in Frankfurt am Main 1920–1933. Architektur der zwanziger Jahre in Frankfurt am Main. Traditionalismus – Expressionismus – Neue Sachlichkeit. Frankfurt 1984.

Christoph Mohr, Michael Müller: Funktionalität und Moderne. Das Neue Frankfurt und seine Bauten 1925–1933. Frankfurt 1984.

Spaziergänge durch die Siedlungen des Neuen Frankfurt:

Helen Barr, Ulrike May: Das Neue Frankfurt. Spaziergänge durch die Siedlungen Ernst Mays und die Architektur seiner Zeit. Frankfurt 2007.

DW Dreysse: May-Siedlungen. Architekturführer durch acht Siedlungen des Neuen Frankfurt 1926–1930. 3. Auflage Köln 2001.

Frankfurts Entwicklung zur Großstadt durch Industrialisierung und Bevölkerungswachstum im 19. Jahrhundert:

Volker Rödel: Ingenieurbaukunst in Frankfurt am Main 1806–1914. Frankfurt 1983.

Grundlegend für die Politik der 1920er Jahre:

Dieter Rebentisch: Ludwig Landmann: Frankfurter Oberbürgermeister der Weimarer Republik. Wiesbaden 1975 (= Frankfurter Historische Abhandlungen, Band 10).

Einen unverzichtbaren Überblick über die Entwicklung der Denkmalpflege in Deutschland gibt:

Leo Schmidt: Einführung in die Denkmalpflege. Darmstadt 2008.

Empfehlenswert für das Verständnis des Wiederaufbaus westdeutscher Städte nach dem Zweiten Weltkrieg:

Werner Durth und Niels Gutschow: Träume in Trümmern. Planungen zum Wiederaufbau zerstörter Städte im Westen Deutschlands 1940–1950. Braunschweig, Wiesbaden 1988.

Wer Informationen über die 68er-Bewegung sucht:

Andreas Schwab, Beate Schappach, Manuel Gogos (Hsg.): Die 68er. Kurzer Sommer – lange Wirkung. Historisches Museum Frankfurt am Main. Ausstellungskatalog Frankfurt am Main 2008. (= Schriften des Historischen Museums Frankfurt am Main, Band 27, herausgegeben von Jan Gerchow).

Einen Überblick über die Geschichte der Paulskirche gibt:

Dieter Bartetzko: Denkmal für den Aufbau Deutschlands. Die Paulskirche in Frankfurt am Main. Hsg. von Elmar Lixenfeld, Königstein im Taunus 1998.

Wer weitere Informationen zum Frankfurter Dom sucht:

August Heuser und Matthias Th. Kloft: Der Frankfurter Kaiserdom. Geschichte Architektur Kunst. Regensburg 2006. (Dort ausführliche Literaturhinweise).

Einen gut verständlichen Einstieg in die Debatten um die Frankfurter Altstadt gibt ein Aufsatz in der Zeitschrift ›Die Alte Stadt‹:

Marianne Rodenstein: Vergessen und Erinnern der im Zweiten Weltkrieg zerstörten Frankfurter Altstadt. Ein Beitrag zur politischen Produktion eines Stadtbildes. In: Die Alte Stadt. Vierteljahreszeitschrift für Stadtgeschichte, Stadtsoziologie, Denkmalpflege und Stadtentwicklung. 36. Jahrgang, Heft 1, 2009: Zur Zukunft der alten Stadt, herausgegeben von Harald Bodenschatz und Hans Schultheiß. Seite 45–58.

In der Reihe monumente edition der Deutschen Stiftung Denkmalschutz sind von Angela Pfotenhauer und Elmar Lixenfeld bisher erschienen:

Backsteingotik
Romanik in Sachsen-Anhalt
Quedlinburg
Barock in Sachsen
Wismar und Stralsund
Weimar
Oberes Mittelrheintal
Trier

monumente edition
Frankfurt am Main

Idee, Konzeption, Text,
Redaktion und Gestaltung:
Angela Pfotenhauer
und Elmar Lixenfeld

Herausgeber:
Deutsche Stiftung
Denkmalschutz, Bonn

Umschlag außen und innen
bzw. Einband und Vorsatz:
Frankfurter Skyline vom Dom-
turm aus gesehen von Uwe
Dettmar; Ebbelwoi-Bembel,
Kräuter der Grie Soß'

Freundlich überlassene
Fotografien:
Barbara Staubach, S. 116 r;
Stiftergemeinschaft
Justinuskirche e.V. Frankfurt
am Main-Höchst, S. 96 m

Alle anderen Fotografien:
Uwe Dettmar und
Elmar Lixenfeld

Freundliche Veröffentlichungs-
genehmigungen:
Institut für Stadtgeschichte,
S. 5, 6, 33;
© Stadtvermessungsamt
Frankfurt am Main, 2009,
Liz.-Nr. 6233-4409-D: S. 7;
VG Bild-Kunst Bonn 2009:
S. 100, 101 l

Ein besonderer Dank geht an:

Dr. Wolfgang Illert
Gerlinde Thalheim
Christian Rusch und
Wolfgang Mohr (stellvertre-
tend für das Ortskuratorium
Frankfurt der Deutschen
Stiftung Denkmalschutz)
Dr. Eckhard Herrel
Klaus Reinfurth, Tobias Picard
und Lutz Becht (Institut für
Stadtgeschichte)
Ernst-Josef Robiné
Prof. Dr. August Heuser
Ingrid Leopold
Pater Romuald
Karsten Liebelt
Teresa Steinbach
Marielena Hanakam
Mina Kugelmass
Kenan Albayrak
Robert Wenkemann
Björn Wissenbach
Elvira Hübner
Dr. Katja Gussmann
Fanny Pawliczek

Verlag:
Deutsche Stiftung
Denkmalschutz
monumente Publikationen

Leitung:
Gerlinde Thalheim
Dürenstraße 8
53173 Bonn
www.monumente.de

Bestellungen:
Telefon 0228/95735-0
Fax 0228/95735-28
shop@monumente.de

© Deutsche Stiftung
Denkmalschutz, Bonn 2009

© Text: Dr. Angela Pfotenhauer
© Fotografie: Uwe Dettmar,
Elmar Lixenfeld

Schrift: Barudio und Alibi
von Elmar Lixenfeld

Druck: Henrich Druck und
Medien, Frankfurt am Main

ISBN Broschur:
978-3-86795-009-1

ISBN Einband:
978-3-86795-008-4

Die Deutsche Stiftung Denkmalschutz beteiligt sich dank
ihrer vielen Förderer und der
Fernsehlotterie GlücksSpirale
an der Rettung, Sanierung
und Restaurierung von Baudenkmalen und Denkmälern in
Frankfurt am Main.

Dazu zählen das Ernst-May-
Haus in der Römerstadt
(S. 116), das Petrihaus in Rödelheim (S. 135) und das restaurierte Wandgemälde im Casino
des Campus Westend, Goethe-
Universität. Außerdem ist
das Schloss Höchst (S. 99)
Sitz der DenkmalAkademie der
Deutschen Stiftung Denk-
malschutz.

Spenden an die Deutsche
Stiftung Denkmalschutz sind
bis zehn Prozent des Gesamt-
betrages der Einkünfte steuer-
lich abzugsfähig. Spender
erhalten eine Spendenbestä-
tigung.

Spendenkonto 30 555 55 00
BLZ 380 400 07
Commerzbank AG Bonn

DEUTSCHE STIFTUNG
DENKMALSCHUTZ

Schirmherr:
Bundespräsident Horst Köhler

Vorstandsvorsitzender:
Prof. Dr. Dr.-Ing. E. h.
Gottfried Kiesow

Geschäftsführer:
Dr. Wolfgang Illert

Geschäftsstelle:
Koblenzer Straße 75
53177 Bonn
Telefon 0228/95738-0
Fax 0228/95738-23
www.denkmalschutz.de